☆빛 커튼의 [소년]

박래빗 두 번째 시 산문집

☆빛 커튼의 [소년]

인쇄 2025년 12월 09일
발행 2025년 12월 12일

지은이 박래빗
발행인 서정환
펴낸곳 신아출판사
주소 전북 전주시 완산구 공북 1길 16(태평동 251-30)
전화 (063) 275-4000
팩스 (063) 274-3131
이메일 sina321@hanmail.net
출판등록 제465-1984-000004호
인쇄·제본 신아문예사

ISBN 979-11-24068-28-1 03810
값 15,000원

Printed in KOREA

*이 책은 한국문화예술위원회 지역예술도약지원사업의 지원을 받아 제작되었습니다.

☆빛 커튼의

[소년]

박래빗 두 번째 시 산문집

신아출판사

들어가며

시. 라고
말을 내어 놓으면

당장이라도

만날 수
있을 것 같은

시,
라고
말을 내어 놓으면

빗방울의
매듭을 풀어서

당신이 오시는
그 길목을

밝히고도 남을

차례

들어가며

1부 그리고 우리는 다시 만나리라

저는 연꽃에서 태어났어요 14
거대한 칠판의 기록들 15
반죽의 동물들 16
회초리에 대한 기억 18
강아지와 새 빨강 구두 20
꽃별천지 놀이 22
레드 오렌지 손톱 24
큰동생은 아톰이다 33
빗방울은 무엇이었는지 37
스누피 38
다만, 행복하기만 하세요 42
겨울밤 토끼 걱정 43
핑크 모자와 핑크걸 44
내가 널 위해 천국을 마련했어 47

2부 난 껌을 생각하면 재밌어요

껌을 주셨어요 50

기립성 저혈압 52

뿔에게 54

♥ 55

다래끼 56

코피와 휴지 57

전입신고 58

내 영에게 61

20250530 62

별과 밤을 걸으며 63

연무 메가 커피 64

오늘의 커피 65

3부 이렇게나마 적어놓을 뿐

동서남북, 찍찍 72
셀로판지 피아노 73
아침 수업 75
삶은 사랑 77
서율이(♥) 79
여름에 패딩을 입어요 81
생긋하고 생긋하니 85
생끗하기도 생끗하니 86
도깨비 담화 87
토끼 문진 선물 88
월요일은 백석 90
이중섭의 그림 예술 92
내가 누군가의 소원이었다니 95
쫀득 쿠키 97

4부 빛나는 얼음의 숲이었습니다

요기니(YOGINI) 100

요가 니드라 101

세 개의 점과 우주의 사랑 103

정점의 투리야 105

물고기 자세 Matsyasana 106

천사의 목소리 109

아무도 모름의 시를 110

근로장려금 112

스웨터를 사랑하였으니 114

행복마을 사탕 가게 115

관측사에서 118

절친 결혼 119

시가 올 때 121

시험을 준비하는 자세 122

5부 음악은 참 신비한 물질이에요

2025 봄, 가방 공예를 하며 124
프랑스 자수의 밤 126
☆빌 커튼의 〔소년〕 127
내 시는 나무로 시작해서 나무로 끝난다 (♡) 132
반지를 비워두면 삼각형이 되고 134
해줄 수 없는 일 135
2025 여름, 서울 전시회에서 137
고흐 그림 139
모지스 할머니의 크리스마스 선물 141
내가 쓰는 시에 대해서 142
노다 요지로 143
피아노의 산문 1 147
꿈으로의 산문 2 148
길지만 길지 않은 산문 3 152

6부 나뭇가지에 날개를 숨겼으리라

눈 오는 꿈 156
넌 그러므로 나 159
콜린콜링 161
파프리카의 파포 1 163
파프리카의 파포 2 166
진사여래 169
카페더달에서 173
커피와 감자탕 175
습작기 하늘 176
카페리추얼 1 178
카페리추얼 2 182
화분이라도 되어보자 184
카페루스 186
킴앤초이스 188

7부 촛불이 되어 너에게 옮겨붙는 일

노라의 장미 190

모지스 할머니 192

다자이 오사무 193

254 194

소독을 하고 195

이른 가을 산책 199

일하고 일하고 사랑을 하고 201

명화 선생님 202

두려움 없이, 당신 자신이 되세요 203

문학적인 일기 207

우리들의 시를 208

하은님의 글과 우석대 작가님의 글 210

영란 언니의 글 213

준호님의 글 215

피아노 콘서트 친구의 글 1 216

피아노 콘서트 친구의 글 2 217

요하네스 케플러씽 218

지드래곤 220

마무리하며 221

그리고 우리는 다시 만나리라

1부

저는 연꽃에서 태어났어요

어여쁜 한 송이에서요
여기가 엄마 품이랍니다
물속은 차갑지 않아요
따듯하고 매끄럽기만 하죠
나의 고토는 이곳이에요
물속의 친구들도 많아요
나보다 더 길게 살았던
미쁜 친구들이거든요
이름은 잘 몰라요
사람들의 생각으로
만든 거라 진짜 이름은
만드신 분만 알고 있겠죠
그래도 물속 친구들은
불리는 이름대로요
그렇게 살아가고 있네요
괜찮아요 괜찮아요
친구들은 너무 잘 있고요
나도 연꽃 향기 따라서
늘 연꽃 천지랍니다
몰라도 무엇이 어때서요
모두가 이렇게 태어난걸요

거대한 칠판의 기록들

초등학교 2학년 때였다

담임선생님께서 그 어린 우리에게
지옥을 말씀하시고 칠판에
크게 사천왕과 염라대왕을 그리셨다

지옥계의 그림들
사천왕의 커다란 몸집의 표정들

부처님의 설법이었음을 그땐 몰랐다

자신이 지은 대로
나중에 염라대왕 앞에서
심판받는다는 말씀을 해 주셨다

어린 나이에
얼마나 무서웠던지 나는 무조건
나에게 잘못해도 따질 수 없겠다 했다

나를 아프게 해도
나를 향해 나쁜 말을 하고 다녀도
나를 시기하고 미워하고 날 어렵게 해도

태연하고도 태연하게 내 길을 갔으며

반죽의 동물들

소녀상이

12시가 되면
책을 덮고

코끼리들은 교실로

출몰한다는
어린 시절의 이야기

학교를 지키던

사나운 동물들이
복도로 지나

사물함에 드나드는
희귀한 이야기

4학년 수련회 때

학교에서
텐트 치고

진상을 확인해 보고자

12시까지 잠을
안 이루고

소녀상을 바라봤다

없습니다
없습니다

아무일도요

회초리에 대한 기억

남동생이 둘 있다. 우리는 2살 터울이다.

초등학교 때
큰동생은 작은동생이랑 서로 싸움을 했다.

그러니까 말다툼이다.
서로 의견이 다르니까.

나는 중간에 싸움을 말리고 있었다.

어느새 엄마가 오시더니
우리 셋이 싸우고 있는 줄 알았나 보다.

나는 아무 말을 안 하고 있었다.

그러더니 엄마는
각자의 회초리를 준비해 오라고 하셨다.

어린 나이에 회초리를 꺾어오다니
참으로 재밌고 깜짝놀랄말한일이었다.

어린 나는 집 밖에서
돌멩이와 대화를 하고 있었다.

진짜 시간이 지나가는 줄도 몰랐다.

멀리서 귀에 들리는 저녁밥을
먹으라는 엄마의 힘센 목소리가 들려왔다.

동생들이 준비한 회초리는 상당히 무겁고
두꺼웠었다.

나는 잘못 한 게 없으니

땅에 떨어져 있던 가늘고 마른 회초리를
챙겨 집으로 갔다.

잔뜩 겁먹은 우리는
회초리를 마루 위에 올려두었다.

엄마는 그 새 무슨 일이라도 있었냐는 듯이.
천사의 얼굴로 밥을 지어 주셨다.

회초리 따윈 잊고
밥을 먹는데 꿀보다 달고 맛있었다.

꿀처럼 흰 밥 송이는 맛있어서
두 그릇을 먹었다. 엄마가 밝게 웃으셨다.

엄마가 좋아하셨다.

그때나 지금이나 항상
엄마는 밥 잘 먹는 것을 좋아하셨다.

강아지와 새 빨강 구두

소풍날이라고
엄마가 빨강 구두를 사주셨다

나는 아침에 신으려고
현관문 앞에

별빛과 짝을 지어 두었다

구두를 신으려는데
구두가 없어졌다

혹시나 하는 생각으로
강아지 셰퍼드의 집으로 갔다

구두엔 흠집이 하나도 없었다

흠집이
하나도 없는 구두

대체
몇 시에 왜 강아지는
내 구두를
어떻게 가져갔던 것인지

나는 지금도 너무 궁금하다

무엇보다 강아지는
참 태평한 얼굴이었다

강아지는 웃으며

구두를 안고
꿈을 꾸며 잠을 자고 있었다

나는 얼른 강아지에게

구두 줘, 빨리 줘.
라며 울울하게 말했지만

아무런 소용이 없었다

나는 단념하며
신고 다니던 운동화를 신고

가을 소풍을
갈 수밖에 없었다

대체 강아지가 왜 그랬는지는
지금까지도

전혀 알 수 없는 일이다

꽃별천지 놀이

어릴 때
다리 사이에 놓고 한
재밌는 놀이이다

이름은 꽃별천지이다

사람이 나중에 가는
나라를 말한다

꽃나라 별나라 하늘 그리고 땅

지금 불러도
귀여운 말이다

꽃별천지, 누가 지었을까

천사가 공중에 말을
호, 하고

뿌려 놓은 것은 아닐까

그게 아니라면

천사가 나뭇잎과
나뭇가지에 기록하고

글자가 바람처럼
호, 호호 날아가는걸

누군가 스을쩍
주운 것은 아닐까

운 좋게 그럴 수도 있지

레드 오렌지 손톱

손톱이 빠졌었다.

6학년 때 친구랑 자전거를 타다가 내리막길에서 굴러떨어졌다. 내 기억으로는 그 친구가 앞에 타고 나는 뒤에 탔었다.

친구의 집을 친구들과 자주 갔었다.
우리는 합창대회 때에도 같이 노래를 불렀다.

아무튼, 너무나 순식간에 일어난 일이었다. 지금 생각나는 건 학교 양호실에서 있었던 일이다. 거즈를 손톱에서 떼어내는 데 죽을 듯이 아팠다.

눈물이 절로 터졌다.

거즈가 내 손톱처럼 되어버렸는데.
이미 빠져나간 손톱에 피가 응고되어 거즈는 딱 붙어 있었다. 그걸 떼어내시는 양호 선생님. 나는 너무 아파 소리를 지르고 말았다.

내 안에 큰 발성이
잠재되어 있음을 알게 되고.

학교가 떠나갈 듯이 소리를 아악, 하고 질렀다.
다행히 학교 수업이 끝난 후였다.
아이들이 근처 피아노 학원과 집을 간 것 같았다.

학교 입구의 벚나무도
내 목소리를 듣고 벚꽃잎 눈물을 흘렸을 것이다.

그 나무는 내가 유치원 입학하는 날부터 내 모든 걸 봤기 때문에 나를 잘 알 것이다.

나는 비가 오면 지렁이를 밟을까 봐
마음이 철렁하기 짝이 없었다. 내가 백 미터를 13초 만에 달리고, 그네를 타다가 코피가 나고, 씨름장에서 남자아이들과 말다툼을 했고, 나중에 초등학교 친구에게 들은 이야기로는 서로 도전장을 내밀었다고 한다.

다들 왜 그랬는지.
아이들이 이런저런 이야기를 하다가
기억이 안 나면, 혜정이한테 물어봐, 라고 말했다. 우리는 유치원을 다니기 전부터 알았던 사이여서, 입학해서 졸업할 때까지 계속 한 반이었다.

그러니 초등학교 1학년부터 6학년까지 번호가 거의 비슷했다.
태어난 순서대로였다.

그러니 번호를 다 외우고 있었지. 이젠, 가물가물하다.
그리고 서로 자주 만났으니,

웃고 울고 한 시간이 나에게는 더욱이 소중했다. 우리 친구들은 가족보다 더 가족 같은 사이였다. 대부분 우리가 다니던 초등학교를 졸업하신 부모님들이 주변에 사셨다.

그리고 우리가 태어나고 커서
이 학교를 다니게 되었다. 먼저 유치원에 입학하기 전에, 한글을 미리 배우고, 피아노도 배우고, 그림도 그리고, 친구들과 친하게 지냈다.

재밌는 것은 소풍 갔던 사진을 보면.
다 집에 있는 동생들을 데리고 와서 같이 있는 모습이다. 숟가락이 몇 개인지 어디에 사는지 흑백텔레비전인지, 컬러텔레비전인지. 라디오가 있는지, 보일러가 있는지 다 알 정도였다.

아빠가 라디오를 사 오셨을 때,
동네 사람들은 신문명을 구경하러 집으로 왔다. 처음으로 동네에서 우리 집에 보일러를 설치했을 때도 그랬다. 아빠는 뭐든 좋고 고급스러운 것을 사셨다.

나는 부한 것과 가난한 것의 차이를 잘 몰랐다.

겨울이면 귤을 까먹고 곶감도 만들었지.
나는 다들 나처럼 사는 줄 알았다.
친척분들이 모이면 다 같이 담소를 나누다가
아빠가 연주하는 비디오테이프를 시청했다.
비디오테이프에 나오는 아빠는 아빠가 아니었다.
예술가셨다. 아빠는 무아 상태로 악기를 연주하셨다.

아빠는 사물놀이를 좋아하셨고, 잘하셨다.
모르는 것을 여쭤보면 학자처럼 말씀을 해 주셔서, 어릴 때 아빠가 천재가 분명하다고 여겼다. 젊은 시절 사물놀이를 배우셨다.

신속하게 마스터하셨다고 들었다.

항상 아빠는 사물놀이 음악을 들으셨다.
나와 동생들도 다 초등학교 때 아빠에게 사물놀이를 배웠다. 아빠는 막냇동생이 제일 소질이 있다고 하셨다. 실제로 가수를 할 정도로 노래를 잘 부른다. 그래서 그런지 막냇동생이 낳은 딸도 그렇게 춤을 잘 추고 장난기가 있고. 흥을 많이 갖고 있다. 지루할 틈이 없다.

큰동생은 작가가 되고 싶었다.

일기를 잘 썼다. 나는 가끔 옛날 생각이 희미해질 때, 큰동생 방에 들어가서 일기를 훔쳐보기도 했다.

내 나름대로
기억의 소실을 막으려는 방편이었다
그런데 마음에 큰동생 몰래, 몇 번이나
일기를 훔쳐보는 게 미안해서 그만두려던 참이었는데. 치밀했던 큰동생은 어느 날, 내 방에서 일기를 그만 훔쳐보라고 먼저 선포를 한 것이다.

큰동생은 나와 다르게
엄청 철두철미한 성격이다. 그때나 지금이나.

반듯한 성격이다.
내가 일기장을 책장에 빼고 넣었던 방향을 치밀하게 계산해 두었을 것이다. 그래서 결국, 나는 발각되고 말았다. 나는 내 일기장은 없어진 지 오래였기에, 큰동생이 쓴 글을 통해 기억을 보존하고 싶었던 게 아닐까.

크하하하.
어쨌든, 손톱이 빠지고 그 뒤 새로 손톱이 생겼다. 손톱 모양이 이전 모양과 다르게 자랐다. 꼭 유치원 때 손톱 모양 같았다. 나는 가끔 수업할 때 아이들이 조곤조곤 이야기하고 있으면, 조용히 하자고 하면서 자기의 손톱을 보라고 했다.

왜냐하면, 살면서 의외로
자신의 손톱을 잘 안 보기 때문이다.
내가 예전의 손톱을 잃어서 이런 것은 아니었다.
그렇게 나는 자전거에서 낙하한 이후 새 손톱을 얻었다.
열세 살에 다친 곳은, 왼손 약지의 손톱이다.
이곳에 결혼반지를 장착한다는데.
나는 참 일찍이도.

이 네 번째 손가락과 손톱에게 좀 미안했었다.
하긴 뭐, 나는 어릴 때부터 짝은 정해져 있다고 생각이 굳혀있었기에 참으로 만나러 다닌 적이 없었다. 커플링 같은 것은 해본 적이 없으니.

나중에는 그게 무엇이 되더라도.
그것이 무엇이 된다고 하더라도.

무엇과 무엇이 만나면 무엇을 만들어 내거나.
무엇이 되지 않아도 되는 시간이 있는 것도 나는 다 좋았다.

어쨌든 울긋불긋한 손톱의 상처가
아물어 갈 때 첫눈이 내렸다. 버스를 타고 엽서를 사러 갔었다. 지금으로 말하면 굿즈 같은 것이다. H.O.T의 스티커와 엽서를 샀다. 거닐던 장소마다 캔디 음악이 있었다. 집으로 돌아와 다이어리에 스티커를 붙이고.

별빛이 꿈을 꾸는 고요하니 고요의 시간,
토니안, 장우혁, 문희준, 강타, 이재원.
오빠들의 엽서 뒷면에 연필로 한 글자씩 적어 내려갈 때,
손톱으로 이어진 글자들을 밝혀 주는 색이 있었다.
다시 떠올려본다. 그게 시였을까. 시였을까.
돌이켜보니 나에겐 그때가, 제일 행복했던 것 같다. 나는 무엇을 말하고 싶었던 것일까. 시를 생각하고 있는 것이었을까.

엽서를 펴 놓고 글자를 나열하는
시간이 나에게는 무슨 의미가 있었던 것일까.

지금 와서 돌이켜보면,
훗날을 생각하고 있었던 것 같다. 그리고 나는 누구보다 나를 좋아하니. 나에 대해 탐미를 하고 있었던 것 같다. 그렇다. 나에 대해 끊임 없는 탐미다. 그건 지금도 끝나지 않음의 탐미의 탐험이겠지.

나는 나에 대해 생각하길 좋아하고.
나는 나에 대해 하는 생각을 좋아하니.

시간이 또 여럿 가는 줄 모르고 그렇게

살 것을 생각했을 것이고. 그렇게 초등학교 6학년의 겨울이 지나가는 것을 또다시 지금에 와서 생각하는 생각을 좋아하고.

그 생각을 같이 하는 의자도 좋고.
또 지금은 다음 계절로 넘어가는 그 계절도 좋고.

다만 좋을 뿐을 연속적으로 하는 생각이 있고.
글자로서 나열되지만. 그것이 시로서 말할 수 있는 것과

시로서 말하지 않을 것이
서로 맞물려가는 것을
나는 눈꽃의 풀잎이라고 말하고.

손톱에서 손톱으로 이어지는 시간은 슬프지 않았다. 그때 내가 머문 세상이 흑백은 아니었다. 눈송이에 가까운 세상이었다.

어려서부터 나는 늘 마음에 노랑을 품고 다녔다. 노랑이 어찌해서 온 것을 난 알 수 없으나. 노랑의 색이 참 마음에 들었던 것 같다. 나에겐 노랑이 신이 만든 반짝반짝한 지구 같았다.

그랬기에 늘 노랑을 보면 마음이 좋아졌다.
말로 다 설명하지 못하는 색의 위안이 있었다.

색이 단순한 색이 아닌. 색 그. 색의 색이. 색이 만들어 낸 그 공간이 좋았다. 어른이 되면서 그 노랑이 연두로 바뀌어 가는 걸 알게 되었던 때는.

스물일곱과 스물여덟 사이가 아닐까.

그때도 노랑과 겨자의 색이 섞인 색의 가방을 메고 다녔다. 어제 산 가방의 색도 연두와 노랑과 분홍과 빨강과 초록과 주홍과 갈색이 있다. 그 많은 색은 이제 나와 같이 지내고 있다.

색깔들도 잘 지내는 법을 알아가는 것은
시를 쓰는 일처럼 비슷한 균형을 이뤘다.

원두의 입자가 나에게 있다가 저기로 가는 듯이.

이처럼 내가 자라면서
내 것의 색도 자라고.

세상의 색도 바뀌고 자라가는 것을
알아가는 것도 알이 깨어나는 과정처럼 좋았다.

맞아. 그랬어. 어쨌든 간에 그렇게 6학년의 겨울은 좋았다.

누누이 말하지만 겨울은 항상 좋다.

나에게 겨울은 늘 이런 존재이다.
그때의 음악도 즐거운데 마침 겨울이었고 또 눈도 막 불어오니 더 좋았다.

그렇게 눈이 왔었고
그해 유난히도 눈사람을 많이 만들었다.

눈사람은 눈 위에서 겨울의 긴 운율을 탔다.
그 수는 세지 않았다.
운율이 운율로 있는 시간으로 있었다.

목도리와 장갑도 둘러주고
눈사람에게 손톱도 붙여주었다.

주홍빛깔 손톱의 그림자가
바람이 불듯 마당에서 불어대는 것을 보던 겨울의 나날이었다.

겨울은 많아도 너무 많았다.

시의 얼굴처럼 나를 보고 있었다.
너무 아름답기만 해서 나는 그 겨울을 어떻게
내가 담을 수 있을지.

차마 나는 그,
말을 할 수가 없어서 눈을 감았다 폈다, 를 여러 번을,
하기만 했다. 그게 사랑이었을지.

나는 사랑을 몰랐기에 사랑에 대해 알지 못했다.

그래도 괜찮았다.

눈이 내리는 모습을 보며 괜찮다고 생각하며
지내는 것도 좋다고.

큰동생은 아톰이다

나는 그때 흰 카니발을 타고 다녔다

친구들과 바닷가를 갔다
다들 내가 나보다 큰 차를 타고 다녀서
신기한 듯이 쳐다보고는 했다

나는 운전을 좋아했지
운전은 참 재미있었다

시작되는 기묘한 일화가 있다

그 하얀 자동차를 타고 다닐 때
있었던 일이다

큰동생은 해병대 제대 후
대전에서 일을 하고 있었다

혹독하게 추운 날이었다
동생은 일 끝나고 새벽 2시 즈음이었나
그즈음 논산역에 도착한다고 했다

나는 알람을 맞추고 그만 알람 소리를
못 듣고 꿀잠에 들었다
일어난 시간은 새벽 3시가 넘었었다
얼른 잠바를 주섬주섬 입고

논산역으로 갔다 큰동생은 없었다

느낌상으로
오던 길을 다시 돌아가면
큰동생이 있을 것 같았다 나는 눈길 속을
헤치며 운전을 했다

부릉부릉 세상 겁날 게 없는
나라서 눈송이가 폭탄처럼 공중에서 터지는
것 같았던 새벽이었지만 모험을 떠나는
기분이었다

예상대로 큰동생은 국도에서 걷고 있었다

나는 자동차 창문을 내리고
깜박 잠이 들었다며 사과를 하고
얼른 차에 타라고 했다

그랬더니 큰동생은 오랜만에 행군한다며
가라는 거였다 추위에 얼어 죽을 수도
있겠으나 큰 동생은 얼어 죽지 않을 것 같았다

다만 일을 다니고 있어서 마음이 쓰였고
감기에 걸릴 것이 마음이 쓰였다

몇 번이나 말했지만 듣지 않고 가라고 했다
그때 속으로 생각했다

누나를 야속하다고 생각 마라
시간이 지나면 깨닫게 되리라, 하면서

나는 룰루랄라 집으로 돌아왔다

아빠가 일어나셨고 왜 혼자 왔냐 하셨다
나는 그 상황을 설명해 드렸고
못 잔 잠을 청하러 이불 속으로 들어갔다

새벽 5시가 지나가고 있었다

그리고 동생이 그 뒤 집으로 왔는지
뒤척이는 소리가 들렸다

그 뒤 한 참이 지났다
언젠가 큰동생은 그 이야기를 꺼냈다

누나 덕분에 세상이 호락호락하지
않은 것을 배웠다고.

나는 그때 일부러 안 태우고 왔다고 했다

세상이 얼마나 호락호락
하지 않는 것을 일깨워주는 시간이었다고.

누나의 깊은 뜻을 뒤늦게 알았다며
고맙다고 했다

신기하게 생각하는 건
내가 어릴 때 수녀가 되고 싶다는
생각을 한 적이 있었다

아무에게도 말을 하지 않았는데

언젠가 큰동생은 왜, 수녀가 되려고.
나에게 이런 말을 한 적이 있다

참으로 기묘하도다

기묘하고 기묘한 아톰이도다

*첫째 남동생 카카오톡 아이디: 아톰

빗방울은 무엇이었는지

우리는 영화 체인지에 나왔던 구름과 있었다 빗소리를 귓속에 꽂은 채, 비닐로 검은 비옷을 만들어 입었다 가방까지 검은 비닐 옷을 입었다 우리는 걸어 가는 걸음 속에 빗방울은 튀어 다녔다

작지만 예쁘고 귀여운 꽃
그때는 우리가 서로가 피어 있던 꽃이라는 것을 볼 수 없었다
서로의 가슴에 씨앗, 만 있었을 뿐

누구누구는 씨앗조차 있는 걸 몰랐다
각자 안고 있는 씨앗이 꽃과 다르게 핀다는 걸 안다고, 했을지라도,,,, 교복 안에서 점점 열여덟의
나이가 실밥의 크기로 무엇이 되는 것을 보는 것은, 하루가 지나가듯 당신의 생각을 하는 그때의 내 유일무이한 일이었겠지

여전하게 살아 있으리라, 여전하게 피어있으리라,

그리고 우리는 다시 만나리라
다시 만나서 그때 나누지 못한 꽃들의 씨앗이 무엇이었는지
그때 각자의 가슴속에는 어느 물방울이 피어 있었는지
우리는 말하리라

말하고 나서 깨닫고 그렇게 다시 살아가게 되리

스누피

이 친구는 여고 친구이다
2학기 기말고사 시험 기간이었다 나는 당시에 소설책을 흥미롭고 읽고 있었다 문장은, 가벼운 벽돌 같았다 내가 입으로 불어버리면 그 문장들은 아무렇지 않게 쌓아지고 부서지고 쌓아지는 층층의 구조물 같은 것처럼 문장은 나에게 그렇게 다가왔다

나는 거의 매일 손에 소설책을 들고 다녔다
소설의 문장을 이불처럼 베개처럼 쿠션처럼 여겼다 나의 관심은 오로지 책이었는데 그해 겨울이 되면서 소설을 위대하다고 여겼다 나는 문과였고 이과였던 스누피와 같은 과목을 들을 때가 있었다

스누피는 말을 안 하고 다가와서 손에 쪽지를 쥐여 주고 갔다 잠시 쪽지를 손에 쥐고 있다가 슬그머니 보물을 열듯이 열었다 쪽지에는 영어 시험의 단어가 적혀 있었다

그때 친구에게 말은 못했지만
나는 영어 단어보다 소설 속 등장인물의 대사가 더 중요했다

고등학교에 와서 오랜만에 초등학교 이후 꽹과리를 연주했다

스누피는 우리 반에 나를 만나러 왔다
같이 연주하고 싶다고 했다 그 친구를 처음 보았을 때의 느낌을 회상하여 이곳에 서술해 보자

공부를 잘하고 완벽의 소녀였다
그 소녀에 비치는 내 모습이 얼마나 자유분방하였을지, 먼저 찾아와 주고 먼저 친구가 되어주었는데 스누피에게는 그렇게 적극성이 있었다

나는 내가 먼저 친구가 되자고
스스로 다가간 친구는 없었던 것 같다

언제나 친절하신 아빠가
전통악기를 스누피네 교회에서 가르쳐 주셨다

스누피는 북을 담당했다
나는 꽹과리를 담당했다 나는 상쇠였다

북을 둥둥, 치던 예쁘장한 소녀, 북을 치며 기쁜 소식을 알리는 소녀, 나는 꽹과리를 칭칭 치고. 악기를 연주하며 웃느라 시간 가는 줄을 몰랐다

즐겁게 스누피네 교회에서 연주를 했다
지역 병원에 가서도 연주를 하며 봉사활동을 했다 전통악기 음악을 듣고 영혼이 눈을 뜨던 놀람의 얼굴을 하던 얼굴들은 여전히 살아있다

영어 단어를 손에 주던 친구의 마음을
떠올리면 나를 생각해 주던 그 빤짝빤짝하던
마음이 예쁘다 사랑스럽다

스누피라서 스누피처럼
스누피의 삶이 있다

스누피는 자신만의 길이 있다

손재주도 좋고 똑똑하고 요리도 잘하고
중요한 것이 무엇인가를 아는

쾌활한 스누피이다

나는 그저 자나 깨나 그 친구가
빨간 열매가 보리이듯이
빨갛게 행복함이 물들었으면 한다

우리는 소녀들 가운데 소녀로서 살았다

그 시절이 얼마나 아름다운지도
생각 못 할 정도로
바쁘게 그 시절이 지나갔다

각자의 삶을 살았지만

늘 가까운 곳에서 눈보다 가깝게 지내며
서로의 이상향이 평안하기를 바랐을 것이다

나누던 이야기들이 우리의 걸음에
캘리의 필체로 있었을 것이다

스누피는 아이를 키우는 엄마다
어느새 그녀는 엄마가 되었다

아기도 자라고
스누피도 자신의 삶을

더 꾸려가게 될 것이다

스누피가 만들어 준 전각 도장이며
학생 때 가끔 보내주던 메일이며

그 선한 우정과

또 내가 병원에 입원하던 시절
무릎 기도와 사랑이며

스누피에게 감사의 마음이 더없이
이 페이지에 페이지에 있기를

다만, 행복하기만 하세요

좋은 사람과
좋은 말

둘의 거리는 가깝지만

멀어지려는
속성이 있다

말은 말이 되기도 하고

말은
말이

안 되기도 하니

나는 둘의 불연속적인
거리도 좋고

눈빛과 몸짓으로

아웅다웅
하는 것도

다만 좋을 뿐

겨울밤 토끼 걱정

이 책은 첫 번째 시 산문집을 준비할 때
구입한 시집이다 시가 귀엽고 마음에 들었다
시 산문집(i의 예쁨)을 준비하기 전에
읽으면서 큰 힘을 얻었다

마치 내가 그 토끼라도 된 것처럼 말이다

시인에 대해서는 모르지만
그래도 날 걱정해주는 누군가가 어딘가에
있다는 즐거운 상상을 하기도 했다

내가 더 힘을 내어서
새 책을 출간해야겠다는 생각이 들었다
그래서 출간까지 무사히 마쳐서 너두 감사했다

출간 후 눈이 많이 다녀갔고
나는 눈의 바람처럼 수일을 앓아누웠지만

지금도 다시 일어나 이 시집을 읽으면
나에게는 그때나 지금이나
으쌰으쌰 같은 힘 있는 크나큰 시집이다

*유희경 시인, 『겨울밤 토끼 걱정』,
현대문학, 2024.

핑크 모자와 핑크걸

핑크 모자를 쓰고
핑크색 청소기를 돌린다

그 핑크빛 조각들은

나란히
나란하게

지구의 양탄자에서

유유히
돌아다니고 있다

청소기로
핑크 먼지를 모은다

무엇이든
반대로 하던

내 청개구리 습성이

지금 온몸이
온통 핑크빛으로

가득 채워지는 시간

창밖으로는

소나기가
핑크빛 노선으로

줄기차게 행로를 만든다

핑핑핑, 핑핑!
핑핑. 핑,

창문에는
핑크빛 물보라가 있고

순순해지는
내 마음이 지금

저 창밖에 있는

핑크 물감의
하늘처럼 되어버린다

엄마는 안방에서
누구와 통화를 붙잡고

아빠는
누운 부처님처럼
온몸으로 꿈 수행 중이시다

아빠는
어려서부터 나에게

인내심을 길러야 한다고 했다

엄마는
나에게 너무나 착해서

그게 탈이라고 했다

난 내가
착한지 알지 못한다

나는 돌리다 말다
청소기를 또 돌린다

우리 집 청소기는
많은 시간을 우리와 보냈다

강물에 빗물에 바람에
날아가 버린 많은 청소기들

지구 밖에서
누구의 먼지를

닦아내고 있을지도 모르며

내가 널 위해 천국을 마련했어

들어와 앉으렴

투명 의자가
생길 거야

네가
앉기만 한다면

의자는 드디어

주인을
찾은 거고

의자는 드디어

할 일이
처음으로
생긴 걸 거야

앉으렴 사뿐히

앉으렴
사뿐히

그래 너의 의자야

내가
마련한 너의 의자

맘에 들까
맘에 들었으면

네가 의자만큼이나
나도 의자만큼이나

가볍고
사랑스럽고

우리 이젠
헤어지지 말자

난 껌을 생각하면 재밌어요

2부

껌을 주셨어요

노랗고 네모난
레몬 맛의 귀여운 껌

껌이에요

난 껌을 생각하면 재미있어요

껌이 말이죠

말도 하고 노래도 하고
춤도 추고 날기도 하고

무엇보다 껌 말이죠

껌에게
단짝이 있거든요

껌의 친구
껌껌

껌 껌 껌
껌 검 껌 검 껌

이 껌껌으로 말할 것 같으면
살던 곳은 북극 기지

좋아하는 음식은 김치만두

성은 껌
이름은 껌껌

취미는
자전거에 붙은 껌을

새것으로 만들기

특기는

미계발된 지능을
책의 내용으로 회전하기

하하하하

껌껌,
이라 가능한

껌껌속의 껌껌하지 않은
껌들의 기나긴 검

긴긴긴긴, 긴의 껌

껌, 껌의
껌의 가득한 사각모자

기립성 저혈압

남들보다 피가 두 병 부족하다는 의사 선생님의 말씀에 기립성 저혈압을 앓고 있다는 걸 뒤늦게나마 알게 되었다 어지러워서 일어나면 휘청거리고 앉으면 무엇인가 뇌 속에는 나도 모르는 생물체가 살아 있는 것 같았다 곤욕이었다

그래서였나 픽픽 쓰러지기 일쑤였다

얼마나 누워 있었던가
내 등에 날개가 참 많이 접혀 있었을 것이다

입원을 하고 알았다
기립성 저혈압은 내게 선짓국을 맛보게 해 주었다
아버지는 선짓국을 여러 상자 사 오셨다 나는 선지를 먹으면서 내 살과 피들이 맑아지는 기운이 있었다 그리고 또 알 수 없는 육체를 씹는 기분이 들었다

징그러운 것은 둘째치고 나는 그걸 약으로 여겼다

그 뒤 가끔 또 몸이 휘청거리거나 다리가 휘청거리거나 뇌가 휘청거릴 때마다 나는 달려가 선짓국을 먹었다 무엇인가

음식을 찾는다는 건 몸에서 필요하다고
신호를 보내는 거라고 들었다
그때 유난히도 선짓국을 많이 입에 댔다

임신도 아닌데 임산부처럼 철분을 벌컥벌컥하던 이십 대 아삭
거리는 깍두기와 함께 아직 몸에 그때의 선짓국이 남아서 나를
걷게 하고 살리게 하고 웃게 하는

오 품위 있는 영양제 같은 것은 아닐지

뿔에게

사슴의 뿔을 먹으면
건강해진다고 해서 녹용을 먹었다

한의원에서 침을 맞다가
사슴은 다리가 부러지면 침을 맞는지

의문이 들어
선생님께 여쭈어본 적이 있다

나는 또 사슴의 뿔에 있는
빨강 빨강의 눈물을 마시는 것도

슬프기도 하나

뿔을 먹어야 내가 건강해진다는
선생님의 말씀에

내 입이 뿔뿔, 뿔처럼 나오고

미안해, 하면서도
나는 빨강 빨강의 눈물을 마시면서

내 이십 대는 뿔과
그렇게도, 그렇게나.

♥

숨이라
말하면
내가 쉬는
숨을
긴 숨을
긴 숨이
다시
태어나는
사랑이니
또
다시
마주하는
숨이니
그건
발굴되지
않은
처음의
첫, 것이려

다래끼

꼭 그 자리에

고등학교
때부터

째고 또 째고
또 그 자리에

내가 또
잊을만하면

오셨다가
또 가시고

잊을만하면 또

있다는 것을
알려주시고

티를
꼭 내주시는

신실하게
따듯하신 사랑

코피와 휴지

고등학교 때
코피가 심하게 났다
여름 하복을 입고
버스를 타고 집에 왔는데
교복에 피가 흥건히 있었다

또 가을에
잠을 자고 일어났는데
코피를 쏟아서 이불이
흥건하게 날 보고 있었다

나는 너무 많은 피를 흘렸다

전입신고

낮에 전입신고를
마쳤습니다

편리한 세상입니다

가지 않고도
전입신고를 하고요

세계는 안전합니다

방 한
칸에 누우면

여고 때
걷던 길목이 천장에

지도를 무수히도
이어 나갑니다

연달아 이어 놓습니다

별의 형용사로
시작해서

해밝은 당신의

구어체로 끝나는
감탄형의 항목이죠

장마는 벌써 지나갔고요

어느 분의 말씀처럼
퍼뜩, 계절이 왔어요

어제 도착한 시집은
백합 향기의 문장들로

와자작, 쏟아냈고요

그의 문장의 지문은
나를 빛나게 해 주네요

이토록
내가 가벼워지다니

그 문장은 나를
늘 비울 수

있게 해주었습니다

천사의
언어처럼,
천상의 발음처럼요

더욱 그의 문장을
더욱 그의 시집을

저는 그곳으로도
전입을 해보려고요

날마다

찌릿찌릿 전기 향을
모아서

그가 사는
방향에 놓아보고

첫눈이 오면
발자국 하나 남겨두고

그가 사는 방향으로

입술이 닿은
분홍 눈송이를

호호호오
호오오호

불어 보아야겠습니다

내 영에게

이제는
어디 안 가도 돼

밤마다

자꾸
밖으로 나오네

아직도
그리 갈 곳이 많니

하늘 밖이 좋니

그만
돌아다니자

다리 아프게

20250530

유월이 왔고 여름도 왔으니 꽃도 여름이기도 하고 산들도 서로가 다음의 여름으로 경과되는 것을 나는 지금으로 보고 저녁도 안 된 시간 나는 누워 벽지에 있는

천장을 보며 별의 빛을 세어보고 어질어질한 나의 뇌를 잠시 쉬어가게 하고 걷지도 일어서지도 못하니 그저 누워 있는 것도 서 있는 것 같고 앉아있는 것도 같고 뛰는 것도 같더라 심장의 심박수가 빨강노랑분홍의 그길로

나를 머나먼 곳으로 데려가려고 하나
그건 지나고 봐야 하며 나는 누워 요한삼서 1장 2절을 곱씹으며 심장에 글자를 올려두고 성경을 오른쪽에 모자를 왼쪽에 두는 것은 참으로 친숙하며

별과 밤을 걸으며

이사하고 처음으로 운동화를 신고 나갔다
다니던 고등학교 길목으로 천천히 걸었다

학교 다닐 때 보았던 건물들은
그림자로 세워둔 채 다른 무엇을 만들고

새로 리모델링한 건물들과
교복과 학생들이 얼핏 보이기도 하였다

야간 자율학습이 끝나면 버스를 타러 가면서
시를 외우던 여고 때 나의 모습이 있었다

모교는 재건축 중이었다

바닷가의 백사장을 걷는 기분이었다
모래알들이 발가락 사이로 모여들었다

머리에서 발까지 모든 게 시원스러웠다

발가락에서 음악이 나오는 것처럼
음표와 걷고 즐겁게 본 밤하늘이었다

모두 별들과 나란히 걸어 다니고 있었다

연무 메가 커피

여기엔 유리 토끼 문진이 지키고 있다
귀염하니 귀염둥이 토끼
하루종일 반가부좌를 하는 부처 토끼
어느 먼 나라로부터 온 이 토끼는
컵 안에 담긴 커피를 두 달 동안 마신다
당근 치즈케이크도 곧잘 먹는다
어차피 토끼는 뭘 먹어도 다 하얘진다
토끼의 말은 당근의 하얀 초록이며
토끼의 얼굴은 밭을 일궈낸 열매

여기엔 유리 토끼 문진이 지키고 있다
귀염하고도 귀염스런 토끼
이 토끼에 대해서 나는 말한다
촘촘한 공기가 토끼의 귀에서 깨끗하게
겨울의 셔츠가 토끼의 목덜미에 두텁게
전등이 꺼지고 바람이 멈추면
토끼는 선반 위에서 걸어 다니겠지
입안에서는 원두의 향이 하얗게
하얀 동그라미를 그리며 놀고 있겠지

오늘의 커피

이사를 하고 혼자 살면서 혼자 카페어 서 작업을 하기는 실로 처음이다 아침에 우유를 마시며((물론 (★도) 먹고)) 오늘은 카페에 가야겠다고, 내 기분이 어떨지 궁금했다

독립해서 지낸 지 벌써 2주가 지났다

나는 이곳에서 3년 정도 산 기분이 들었다
이곳은 참 편했다 마치 내가 살았던 기분 마저 들 정도였다 혼자 살기 이전에는 거의 작업을 카페에서 했다 따로 작업실은 없었으므로

집에서도 얼마든지 글을 쓸 수 있었다

습작기의 애씀의 시도
석사 논문도 거의 집에서 쓰며 보냈다

따로 작업실을 얻어도
나는 또 카페에 갈 것 같으니 차라리 가고 싶은 카페를 다니면서 글을 쓰자는 생각이었다

독립하고 엄마는 내게 전화를 자주 하셨다

수업을 마치면 시골집에 들러서 필요한 것들을 챙겨왔다 처음부터 독립하려고 했던 것은 아니었다
내 방은 책이 꽉 차 있었다 내 방에서는 지낼 수가 없어서 작년

부터 거실에서 지내고 있었다

피아노를 빼는 수밖에.

그런데 그럴 수가 없었다
결국, 짐을 정리하면서 내가 지낼 곳을 알아보는 게 나을 것 같았다

내 방에는 상점처럼 많은 물건이 있었다

아빠가 외국에 갔다가 오시면서 사주신 립스틱
다혜가 준 바디 스크럽

초등학교 6학년 때 쓴 우리 반 문집 그곳에 실린 남동생들의 시 2편과 내 글

그리고 아빠가 쓴 아버지의 훈시

6학년 담임선생님께서 강타 오빠 엽서에 써주신 겨울 방학 엽서 고등학교 음악책과 문학책 고2 때의 독일어책 우리 반 선생님께서 만들어 주신 문법 제본 책 그리고 내가 써 놓고 그대들에게 보내지 못한 편지들

잠시 만난 친구들에게 받은 사랑의 편지
아이들 수업을 하면서 사들인 소중한 내 그림책
또 어린이들에게 받은 사랑스러운 그림과 문장의 편지들
여러 천사에게 받았던 앙증맞은 기쁜 선물들

사 놓고 읽지 않은 책, 모아놓은 잡지 책

또 같은 시집과 책이 여러 권 있기도 하고 커피 세례의 수난을 당한 책들도 있었고

수많은 커피 쿠폰과 잠이든 세차권 쓰다 말고 쓰다 말고 한 수십 권의 시노트

그리고 당신의 꽉 찬 사랑의 문장

작가님들께 받은 사인본 시집들 책들 교수님께서 주신 냠냠 동시집과 백석 평전 내가 쓴 다량의 시의 여러 묶음

다양한 색들의 볼펜과 지우개 버리지 못한 안경들 부러진 선글라스 십자수 실과 도안 한지공예 작품들 유화로 그린 그림 몇 점 색연필로 색칠한 스케치북과 물감들

시인이 되기 전에 산 시집과 소설책

좋아하는 작가가 생기면 나는 시리즈를 사는 것을 좋아했다 첫 책부터 시작해서 최근작까지

그게 시집이든 소설이든 말이다
최근에 한 번도 산문집을 내지 않은 외국 소설가가 산문집을 내서 신기했다 나는 누군지는 밝히고 싶지는 않다

좋은 것은 어느 정도 내 선에서는

밝히기도 했지만

나도 한두 가지 정도는 남겨둬야 하지 않겠는가

아무튼 그 소설가의 내면은
굉장히 여리고 순한 어린아이 같은 면이 있다는 것을 산문집을 통해 알게 되었다 그래서 더 그 소설가의 글들이 마음에 들고 좋았다

검열 없이 마음껏 소설 속
등장인물을 통해 회자하는 말들이

뇌에서 또 아른거리려고 한다

너무 오랜만에 카페에 왔더니 자주 보이던 내가 안 보이니 너무 반가워하는 직원분들

얼굴이 야위었다는 말은 모처럼 기분이 더 좋았다
나는 이사를 하고 이사를 하느라 들르지 못하게 된 거라고 했다

유럽에 온 것 같이 좋았다
사과꽃*
노래를 들으며 카페 안을 두 바퀴 걸었다
여기가 집 같았고 집이 카페 같았다

나는 이제 어디서든 쓸 수 있는 사람이 된 것 같았다 뭐 그전에는 안 그랬는가

대학 시절 버스 안에서도
가만가만하면서도 꼼지락거리며 나는 바느질을 했다 버스에서 책 읽는 일도 오래된 내 습관이었다

얼마나 셀 수 없이 가득한 옷들이 등장하는 꿈과
얼마나 셀 수 없이 가득한 책과 책장이 등장하는

꿈을 통해 살아온 나날이었던가

엄마에게 가끔 동화 같은 꿈 이야기를 들려드리면 소설책과 동화책을 많이 봐서 그런 거라며 웃음을 보이셨다

좋아하는 창가 자리에 앉아 누굴 생각하려다
긴 호흡을 하고 커피를 마셨다

친근한 HOT VERANDA 커피다

*사과꽃, 크래비티, 함원진님 노래
(2025년 여름에 예빈이가 알려준 그룹)

3부

이렇게나마 적어놓을 뿐

동서남북, 찍찍

엄마는 박쥐를 안고 계셨다

이런 지구에 나오기 전에도
귀가 딸각하며, 진동을 냈었지

지구에 막상 나와보니
온통 음악 세계로구나

하나님 전 이 지구가 좋아요

저를 이곳으로 부르셨으니
하나님께서 책임져주셔야 해요

무궁화 꽃은 하나님이에요
이번에는 숨어 있기 없어요

하나님, 예레미야와 우셨우니
우셔도 저희 앞에서 우셔요

하나님이 우리를 찾을 차례예요

저는 어디서나
있으니 눈에 잘 띌 거예요
그러니까 별 아래로 내려오세요

셀로판지 피아노

아침 수업을 갔다

우리 반 아이들에게
선물을 받았다

셀로판지로 피아노를
접어 주었다

셀로판지가 된 피아노

셀로판지처럼

납작하게
얇아진 피아노

나도 셀로판지처럼
되고 싶었던

때가 있었지

텀블러가 되고
싶었던 때도

건반이 되어보고
싶었던 때도

의자는 당연하고

시계가 되고
싶었던 때도 있었지

구름이 되고
싶었던 때도

갈바람 가을 오로라

가을의 눈사람

되고 싶은 것은
참 많기도 하였다

그리고 무엇보다

내가
당신이 되는 건

갈색 셀로판지님께

이제
차근차근

물어볼 일이지

아침 수업

아침에 수업을 갔다

한 아이가 꿈에 학교에
왔다고 했다

그런데 내가
아기곰으로 변해있고

다른 아이는 늑대가 되고

너무나
웃겨서 다시 잤는데

꿈에 학교에 갔다고 했다

선생님은 곰으로
잠들어 있었다고 했다

이 얼마나 귀엽고
귀여운 꿈!

곰이 되어 도서관에서

책과 나란히 잠들고
꿈을 꾸고 있으니 말야

어제 늦게
잠이 들어 아침에

나의 잠든 모습을
멀리서 보고 있었나 봐

꿈에서도 도서관에서도

나를 찾았는데 그것도
내가 아기곰이었다니

나는 곰 선생님이 되었다

아이 말로는
내 코가 크다고 한다

코, 그래 코.
누구는 코 성형을 했냐고

내게 묻기도 했었지

갑자기 코가
높아진 것은

꿈의 곰 같은 일이지

삶은 사랑

엄마는 달걀을
식탁 위에 올려두셨다

오후 수업 끝나고
내가 집으로
올 것을 아시고

준비하신 거겠지

엄마처럼
헌신적인 분은 못 보았고

엄마가 이젠 아무 일도

안 하시고
늘 행복하셨으면

더 바랄 것도 없겠다

나는 지금껏
살면서 요리를 거의
해본 적이 없다

나는 음식과는
인연이 거의 없었다

지금도 그러하다

빨래도 그렇다
지금도 그것도 그러하다

아기 레서 판다 같은 나

초등학교 때 내가
엄마에게 말했다
난 커서도 엄마랑 살래,

그냥 아기 레서 판다다

아빠는 지금도 나를
아가, 라고

부르고 계신다

나는 이 두 분께
너무나

해드린 게 없어서

받은 사랑만
이렇게나마 적어놓을 뿐

서율이(♥)

우리 서율이

수업 시간에 선생님, 하고
나를 부르는 서율이

스승의 날 기념이라고
밤 11시까지 꽃을 만들다가

다 못 만들고 잠들어서
속상하다고 하던 서율이

그날 수업 마치고
나를 살포시 안아주었다

나를 꽃처럼 여겼다
나를 꽃처럼 안았다

나는 아이들에게 사랑받은 것이

너무 많고 너무 크다

귀염성 있는
귀염둥이 너희들

그림책을 읽는 아이들

책도 귀엽고

너희들은
다 귀엽기만 하지

이 시의 중간은 서율이

이 시의 중간도
서율이와 단짝 지민이

시환이와 범준이
그리고 보고 싶은 지예

세상에
있는 모든 이쁜 색을

이곳에 모아놓은 것 같아

어른이 되더라도
이쁘자

너희들은 달 밝은
천사의 온기들

몽글몽글하게 귀엽다

여름에 패딩을 입어요

무더위의 공기들이 있던 날
수업을 하러 학교에 갔다

예전엔 더위를 몰랐다

작년에 엄마는 베트남에서
원피스를 사 왔다며

나에게 냉큼 전해 주셨지

몸이 옷에 딱 달라붙어
한 몸이 되었다

다른 옷은 못 입을 정도이다

너무나 시원하고
너무나 얇기만하고

입어도 안 입은 것
같은 옷이다

나는 입어도 안 입은 것 같은
옷을 입고 집을 나섰다

옷과 내가 둘이 될 수 없다

수업 가는 길에 로드킬
번호를 누르고 화환과 함께

고양이들을 달래주며
장례식장에 보내주었다

손님들이 몰려오겠지

코끝이 글썽글썽하는
낭독회가 열리겠지

고양이의 깃털은 국화로
태어날 거야
다시 훠훠 날아다니겠지

나는 무엇으로 태어날까

당신의 말
아니면 당신의 숨

나는 안심하며 학교를 갔다

백조가 된 시간처럼
오후 수업이 시작되었다

이름을 부르며
서로 인사를 주고 받는다

책상과 의자에게도
인사를 하고 받기도 한다

항상 그 아이는 패딩을 입는다

패딩을 입는 아이
패딩을 좋아하는 아이

나도 6월까지는 스웨터를
입었었는데

강적이다 강적을 만났다

오늘은 7월 4일 목요일이다

그 아이는

아마 이후 8월 4일에도
패딩을 입을 것이다

8월 14일에도
8월 24일에도 26일에도

겨울이 되면 패딩을 위한
파티를 열고 반팔과 반바지를

꺼낼지도 모른다고

다른 아이가
말을 하는 것 같기도 하였다

창문으로
패딩의 그림자가

눈송이를 빙빙 그리며 있었고

수업 시작한 지
얼마 안 되었는데

또 수업이 끝나게 되었다

언제 그랬냐는 듯

또 다음 수업과
시곗바늘은 쿵쿵 돌면서

옷들이 걸려있는
교실에서

애
  타
게

나를 기다리고 있었다

생긋하고 생긋하니

방학 마지막 시간에
다 같이 그림책을 읽고

독후활동지를 열고

줄거리와 감상을
작성을 작성하는 동안

나는 아이들이 가져온
과자 봉지를 뜯는다

작은 칼 한 자루가

공장에 있던
봉지를 꽉, 뜯어내니

용기 있고 굳센 강철 같았다

작지 않은 칼은
제 역할을 다 했다

아이들이 먹기에 좋은
과자를 마음껏

개봉하게 해 주었다

생끗하기도 생끗하니

한 학기 아동센터 수업을 마치고
아이스크림을 어린이들과 나눠 먹었다

나를 사랑하시는 센터장님, 모두
먹으니 아이스크림이 더 달았다

죠스바, 수박맛바, 바밤바, 돼지바.
요맘때, 호두 마루, 옥동자, 빵빠레.

여러 종류를 준비해오길 잘했다
오늘 한 일 중에서 가장 잘한 일이다
나는 아이스크림을 먹으며 말한다

봄부터 여름이 되기까지
아이들과 즐겁게 놀이 수업을 했다

집에와서 아이들의 웃음을 생각하며
밥알을 하나씩 얌얌 먹었던 기억

다들 성실하게 수업에 참여하고
다가와 인사해주던 아이들의 모습들이

햇빛의 창문이 여름의 밝기로
지움이 없이 나와 정답게 보내겠지

도깨비 담화

도서관에서 창작 수업을 할 때였다

수업을 들으시던 선생님들께
도깨비에 대한 일화를 말씀드렸다

그러나 내게 한 선생님은

에이
선생님 도깨비가 어딨어요

옆에 계시던
수업을 듣던 또 다른 선생님께서
-근엄한 목소리로 도깨비 있답니다

저도 한마디 거들었다

있기야 하죠

근데 요새 전등이 너무 밝아서
안 보이는 것 같아요

토끼 문진 선물

온통 하얀 공기의
겨울 온도가 가득했다

토끼 녀석들을
고스란히 받게 되었다

선물은 상자로 쿵 날아와서

토끼의 다섯 소파에
앉게 되었지만

선물을 보내주는 마음이
하도 하도 따듯해서

유리 토끼의 심장에도
이내 온기가
남아있는 것 같았다

얼마나 되었지

토끼를 받은 겨울의
공기들의 모든 시간은

나는 토끼 다섯 마리의
심장이 쿵쿵거리는 움직임과

이 쿵쿵이 나에게서
또 모르는 세계로

곧 날개를 달아 쿵쿵
날아갈 테지만

그래도 나는 좋았다

쿵쿵 심장을 가진
토끼 문진이

반짝반짝해지고 있었다

내 손에서
너의 손으로
유유히 가고 있듯이

반짝반짝해지는 시간이

참 따듯하게
나는 아기토끼처럼

좋기만 하였던 토끼의 겨울

*토끼 문진, 안지은님께서
겨울날 주신 선물

월요일은 백석

월요일마다
중학교로 수업을 간다

백석의 동화시를
둥글게 읽어가며

학생들과
이야기를 나눈다

산골총각은 누구일까

용기도 있고
기백도 있고

포기를 모르는
심지가 굳은 청년

아무도
못하는 일을 하는 이

오소리와 싸워도
결코 물러나는 법이 없다

산골총각의 어머니는
어떻게 되었을까

산골총각의
아버지는 어디 있는걸까

지금쯤 산골총각은
색시를 만났을까

읽다보면
궁금해지는 뒷 이야기

오소리는 누구였을까

백년묵은
오소리와

산골총각의 기나긴
이야기가

저기 저 논산
어느 벌판 위에서

노랗고 노랗게
뭉실뭉실 피어나고 있다

이중섭의 그림 예술

아이들과 그림책 수업수업을 한다
래원이 준구 영식이 라온이 또 아이들

로이가 한글 젤리를 선물로 주었다
세이는 곰돌이 젤리 한 봉지를 주었다

사과맛과 자두맛이다 냐암,
참으로 맛난다 모두 젤리를 좋아한다

젤리 젤리 입에서도 말하기 재밌고
알콩달콩한 말의 맛의 젤리

이중섭 화가에 대해서 스토리텔링을 했다

아이들이 소 그림을 그렸다
아이들은 소고기가 먹고 싶다고 했고

또 한 아이는 스테이크 그림을 그렸다

서윤이는 오늘 저녁은 소고기다,
라며 웃음을 모두에게 날렸다

농경 사회에서 소는 중요한 핵심적인
위치에 있는 생물이다
이중섭은 왜 이렇게 소를 좋아하고

소를 그렸을까, 하며 아이들과 토론을 했다

수업 시간에 이중섭이 창문에 서서 우리가
소 그림을 그리는 것을 멀찌감치 보고 있지는
않은지

또는 우리가 그린 소가 살아서 교실에서
연필을 하나씩 잡고 우리를 그리지는 않을지
나는 잠시 상상을 했다 상상이다

젤리의 먹으니 뇌가 기분이 좋아져서 하는
나와는 별개의 상상이다

이중섭의 소는 예쁘다

이쁜 소들이 액자에서 우리를 보면서
무슨 상상을 할까,

혹시 중섭이 소가 되고 싶었던 것일까

아이들은 중섭이 전생에
소였기에 소를 그렸다고 했다

나에게는 중섭의 소가 예쁘다 뿔도 달려 있고

살아 있고 생물이고 의자이고

그것은 마치 해가 빛을 발하면서
광채를 발하는 자기장 같다

전류가 시작되는 전력의 장이고
전기가 이동하는 콘센트이다

소에 있는 중섭의 혼이 나를 손짓한다
슬프지 않다

중섭의 그림은 생생하다 살아 있다

살아서 소의 말을 하고 있는
그림을 나는 보고 있는 것이다

중섭의 혼을 그 살아 있는 순수한 혼을

내가 누군가의 소원이었다니

소원이래

나를
보는 게 말이지

그랬군 그랬어

나는 전혀
도무지 알 수가 없었어

말을 해줘야 알지

말을 안 하면
내가 어찌 다 알까

내가 신도 아니고
부처님은 더더욱

아닌데

내가 그걸 어찌 다
아냐구 말이지

그래도
이루어졌음

다 잘 된 거네

있지 말이야

이루어지지
않았어도

괜찮은 거야

그것도
이룬거거든

무슨 말이냐고

둘 다
같은 거라는 거지

뚱딴지같은
말이냐구

시간이 지나면

다 같은
거라는 게

보이게 될 거야

쫀득 쿠키

아침에 다은이가 쫀득 쿠키를
살그머니 나에게 건넸다
아이들에게도 살며시 건넸다
직접 만든 쿠키라서 그런지
맛있기도 하고 신기하기도 했다

이 쿠키의 처음의 맛을 보니
아주 쫀득함의 천국이다
쫀득 말랑하고 말랑
쫀득함의 달고나 맛이다

다은이는 쿠키가 좋은가보다
어제 자전거 캔디를 탄 내 뒤에서도
오늘 밤엔 꿈에 쿠키가 아무래도
아주 진득하고 쫀득쫀득하게
나를 따라올 것만 같은 예감이다

4부

빛나는 얼음의 숲이었습니다

요기니(YOGINI)

숨을 마시고
숨을 내쉬고

커다란 우주
소리가

몸 안에서
진동이

진동으로 있다

하
늘
을

나는 기분이지

무얼
하지 않아도

행복하기만 한 경지

그리고
당신의
넘치는 사랑이

요가 니드라

잠 없는 잠 꿈 없는 꿈

이 세계는
바람의 무드라가 현란하지만

현란하지 않게 있죠

여긴 지금
아이슬란드 일대입니다

내가 있는 곳은
유용하게

빛나는 얼음의 숲입니다

사각 얼음의 대지에
누워 나는 하늘을 향합니다

총총총 박아놓은

저 푸른 구슬 빛
바늘땀의 반짝임들요

흐흠 어느 천사가 해
놓았을지요 길게 생각을 하면

그건 중요하지 않습니다

별은 촘촘하게
꿈을 꾸고 있고

내가 있는 곳은
유용하게
빛나는 얼음의 숲입니다

이제 내가 꾸는 꿈은
당신이 되는 세계일 것이고

이제 내가 당신이
된 세상으로 살아갈 날들은

저 하늘에 일찍이도
메모해 둔 말처럼

이제는 이젠
꿈으로만 있지 않는
꿈이 아님의 成으로요

내가 있는 곳은

유용하게 빛나는
얼음의 숲이었습니다

세 개의 점과 우주의 사랑

구루께서

손바닥에 세 개의 점을
그려주셨습니다

어느덧 그 점을 찍은 것이
십 년이 다 지났습니다

점은 지워지지가 않습니다

나는 결가부좌의
자세로 요기니가 되어

우주의 넓디넓은 사랑을
눈과 몸에 담아봅니다

삼각형의 완전한 조화입니다
나는 삼각형의 조화를 이룹니다

점이 되는 모든 시간들이
아름답기만 하였습니다

그 시간은 어제이고
늘 지금이고
항상 지금이기만합니다

구루께서 그려준 둥글고
둥근 사랑의 마디가

여전히 굵게 굵게 있으며

나를 지탱하게 해 주는
크나큰 원동력이 되었습니다

사랑우주사랑요가

팽창해지는 내가 여기에
존재하고 있고

크게 숨을 내쉽니다

크게 숨을 마십니다
크게 숨을 마십니다

크고 큰 숨을 쉽니다

크게 내쉬는
우주의 밝아진 공기들이

맑고 맑은 점들로
이어지고 나는 그렇게

사랑의 몸으로 되었습니다

정점의 투리야

내가 요가를 시작하면서
다양한 신비스러운 일들이 있었다

물론 여러 신비의 현상은 요가를
하기 전에도 경험했던 일례가 있었다

요기나 요기니는 이런
신비 현상에 끌려다니지 않는다

그저 묵묵하게 수행을 이어가면 된다

그런데 나는
요가를 더 사랑하고 싶다

더 아기가 되어 요가로 살고 싶다

나에게 있던 일들은
이제 저 멀리 구름이 몰려가는

빗소리가 되어 내리고 유성이 되어
묵묵하게 있겠지만

나는 내가 요가로서 살아가고
그건 마치 홉, 과 같은 일일 것이며

물고기 자세 Matsyasana

임사체험 이후 느껴지는 감각이 다차원적이라서 마땅히 표현할 단어가 없었던 때가 있었다

나를 받아들이는데 또 나에 대한 자아를 이해 하는 것에 있어서 시간이 걸렸다

감수성이 증폭되어서 누구를 만나고 오면 항상 여운이 남았다

그 사람이 가지고 있는 에너지가 고스란히 담겨지기도 하였다

좋은 것이든 안 좋은 것이든 나에게 담겨졌다 나는 그냥 흰 도화지 같은 사람이었다

정화 작업을 하느라 매일 수련을 했다 안 그러면 이 세계에서 살기가 너무 버거웠다

좋아하던 요가도 감수성이 더 섬세해지니 다른 방법을 생각한 적이 있다

또 아무리 빗대어 둘러 말해도 나를 향해 말하는 말은 빗물처럼 나에게 흘렀다

요가 철학을 가르쳐주신 교수님께서 어떻게 하면 고통이나 감정을 느끼지 않을까요,

라는 질문을 하셨다 나는 죽으면 된다, 고 말씀을 드렸다

그런데 그 대답을 하는 즉시 아 영혼도 감정을 느끼는데, 입속으로 말했다

아차 말하면서 깨닫는구나, 이러면서 교수님의 얼굴을 뵈었는데,

부처님처럼 정말 환하게 웃으셨다 사는 것 자체를 불가에서 일찍이 말하지 않았었나

철학 수업을 다 듣고 교수님께서는 책을 출간하시고 한 권씩 선물로 주셨다

당시 나는 시를 쓰는 습작생이었고 당시 굉장히 뭐랄까, 요가 수행을 하고 살고 싶은 마음뿐이었다

요가를 하면 굉장히 좋은데 글을 쓰기 위해 은거하며 보냈고

시에 목숨을 건 내 모습이 과연 마땅한가,

또, 에너지를 너무 고갈시키면서 나를 혹사하고 있다는 것을 어느 정도 알아가고 있을 때였다 그래서 시를 더 가까이할 때는 요가로 비워내고

요가를 더 가까이할 때는 시를 집중했다 나중에는 결국 한 개의 집합이라는 것을 알게 되었지만.

요가와 명상이 깊어지면 나의 동그란 여러 자아는
아주 공기 같은 영혼이라는 것을 감지했다

항, 불면 당장이라도 천상계로 날아갈 것 같았다

아이들을 만나는 게 나와 에너지가 잘 맞았기에 아이들 가르치는 일을 계속할 수 있었다

사랑하는 것은 성경과 음악과 시와 요가와 어린이였으며. 요가를 너무 좋아할 땐,

요가 매트를 차에 가지고 다니며 공원에서도 요가를 했다 옥상에 올라가 햇빛과 아사나를 했다

매트에서 사바 아사나를 한 채 잠이 들었다 지금은 그렇게까지 하지를 못 한다

잘 때 머리맡에 좋아하는 시집을 두었고 또 하나 아끼는 요가 서적을 두었다

아무튼 요가는 나와 잘 맞았다
이 세상에 태어나 가장 잘한 일 중의 하나가 요가를 만난 것과 내가 요가를 하는 것이다

나는 그것만으로도 되었다

천사의 목소리

천사의 목소리를
들은 적이 있지

내 오른쪽 귀에서
천사가

하는 말을 들었지

잠에서 막
깨어날 때쯤이었어

예쁘더라고

본 色 이지만
못 본 色이기도 하며

눈의 바람들도

나지막하게
이불에서도

들리고 있었던
겨울의 그 계절을

아무도 모름의 시를

영심이의 만화 영화를 참 좋아했다.

하늘나라에 있는 삼촌은
나에게 영심이라고 불렀다

스물일곱 살 즈음에도 내 핸드폰
벨 소리는 영심이의 주제가였다

또 명장면 중에
영심이가 퀴즈에서 대답하는데

〈몰라요〉
의 그 대목은
생각만 해도 웃음이 난다
그때부터 난 〈몰라요〉라는 말을 배웠다

누군가가 나에게 뭘 물어보면
대답부터 서둘러 말하지 않고,

모르겠는데, 혹시 이게 아닐까, 하고

아니다. 나 진짜 모르겠다,
이러면서 모른다는 말을 입에 달고
살았던 것 같다
그런데 그걸 의식하지 않았던 탓인지

첫 시집을 갈무리할 때 즈음 시에
모른다. 는 말을 많이도
했다는 것을 뒤늦게 깨달았다

어린 시절 배운 학습은
정말 대단하다고 다시 직시했다

숫자 노래는 재미있다 지금도 듣는다

시가 어깨에서 마구 뿜어져
나올 것 같은 비트를 가진 음악이다

키득키득 킥킥 웃으며 퇴고를 하고

어깨춤을 추며 노래를 부르며
간절한 호두과자를 퇴고했던 기억

또 조조에게 이 시를 보여주며
우리 머릿속에도 겨울의 호두알이

드르륵 까고 있다고 박장대소
하던 날의 싱그러운 피치 블로썸의

차를 마시던 조조와의 눈의 겨울

*추억의 만화 〈영심이 숫자송〉 참조

근로장려금

근로장려금이 곧 곧 들어온다

이번 달 월세도 내보고
시집도 몇 권을 사보고

여름의 꿈을 여전히 꿀 때
시원한 시어들과도

더위를 무사히 보내야겠다고
생각하는 상상인의 아침

책에 있는 글자들을 다 모으면

대체 무슨 일이 벌어질까
이런 생각하는 아침의 반

옷에 있는 실을 모두 풀어놓으면

지구를 몇 바퀴 돌고도 남을지
생각하는 아침의 반의 반의반

새 옷감으로 조카들 옷을 만들고

마치 현금이 가방에도 있는 듯이
미리 지갑에 넣어두는 세뱃돈

갑자기 생긴 큰돈이라서
십 분의 일부터 빼놓고 볼일

당신의 문장처럼
자동차도 맑게 세차도 해보고

명인 냉면 한 그릇도 주문하고

새로 생긴 동생에게
토끼 스티커랑
커피 두 잔을 실어 보내보는

반반 반의, 반반

그래도 한 참 많이 남아서
아이들 간식도 생각해 보고

그래도 그래도 남으니
생각나는 여럿의 얼굴들이

텔레비전 화면에 영상을 비추듯

여럿이 내 앞으로
어느 장면이 내 앞으로

지나가는 것을 보고 있는 오전

스웨터를 사랑하였으니

스웨터를 입으니

내가
스웨터가 된 것 같다

아니었나

처음부터 나는 내가
치마인 줄 알았는데

혹시 스웨터였던 것을

이제야
알게 된 것은 아닐까

스웨터는 참 편하다
스웨터는 참 느슨하다

나를 편하게
대해주는

스웨터가 있으니

마음과 몸이
느긋해지는 하루다

행복마을 사탕 가게

조카와 산책을 한다

크록스 슬리퍼에 돌멩이가 발가락 사이에서 춤을 추느라 발이 간지럽다고 한다 의자에 앉아 톡톡 돌멩이를 꺼내며 잔디밭에 심는다

가을이면 돌꽃이 피고 열매가 열리고
돌 껍질을 제비가 물어가고 돌 열매는 아주 작고 맛이 좋아서 동글동글한 가을을 보낼 수 있다고 한다

나는 조카 옆에서 자작나무의
기울어진 모습을 보며 뼈를 맞춘다

바람이 그랬는지 햇빛이 그랬는지 새가 그랬는지 알 수는 없지만 자작나무는 고맙다고 인사를 한다

조카와 나는 또 걷는다
이번엔 사탕 가게를 가자고 한다 조카는 사탕 가게에 사탕을 맡겨두었다고 했다 이 숲을 수업 전후로 몇 번이나 왔지만
나는 한 번도 사탕 가게를 본 적이 없었다

조카가 먼저 앞장서고
나는 조카의 그림자를 따라 사탕 가게로 향한다 조카는 슈퍼에 들어선다
나도 곧 들어간다 조카는 사탕 세상에서 가장 행복한 웃음으

로 날 본다

나는 여기가 사탕 가게인가요,

조카가 사탕을 맡겨놨대서 찾으러 왔어요
나는 오늘 처음 말문을 연다 가게의 문에서 사탕이 쏟아진다
세상은 온통 사탕 나무였나

왜 그걸 지금까지 몰랐었나

말을 하기 전까지 몰랐던 것일까
아니면 전부가 사탕이었다는 것 자체를 망각했던
것일까

조카는 웃는다
문안과 밖에서 나오는 사탕 열매를 재빠르게 줍는다 문의 안과
밖이 사탕 나무였다는 것을 처음 본 조카는 성큼성큼 웃는다

슬리퍼에 사탕을 담는다 슬리퍼를 안고 걷는다
뛰고 걷는다 달린다 나는 내가 사탕 나무를 입으로
말하는 순간 보게 되었다

나는 지금까지, 그리고 그동안, 그 모든 시간
나는 내가 물방울인 줄 알고 살았다, 빗물이 만들어 낸
필요할 때 눈빛이 닿는 곳에 있는 빗방울의 물방울
없으면 죽을 수 있기에 없으면 안 되는 물을 말이다

어릴 때 엄마는 단것을 먹지 못하게 했다

사탕도 콜라도 캐러멜까지도
설탕은 일찌감치 거리를 두게 했다 그럴수록 나는 더 맘으로는
가까워지고 있었을지도 모르겠으며

궁금했던 여러 줄기들이
나의 머릿속에서 휘휘 감고 있었으며

이제야 풀리는 문제들이 내 머리카락 사이로 풀풀풀 풀려나가
는 롤리팝 사탕의 딸기향들은

바나나 초콜릿의 여름 공기의 바스락거림으로

관촉사에서

주지 스님께 책을 드리고 사찰을 한 바퀴 걸었다
초등학교 때 걸어서 이곳까지 소풍을 왔었다

우리 친구들은 지금 어디에서 무얼 하고 있으려나

그때 내겐 동화책이 있었다
동화책은 내겐 설교 말씀이었다 나에게는
빨강머리 앤이 있었다

그리고 내겐 하이디가 있었다

또 내겐 피노키오가 있었다
또또 내겐 슈바이처가 있었다 그때나 지금이나
내겐 책이 있다

소풍 때 내가 본 아니 우리들이 본
미륵의 미소가 지금의 미륵의 미소와는

무엇이 다르게 있을까

그리고 그리고
지금의 나의 미소는 무엇으로 바뀌어 있을까

절친 결혼

절친이 결혼을 했다
절친을 생각하면 그저 따뜻하다

이십대 후반 즈음 친해졌다

절친은 내가 사고가 나서
병원에 있을 때도 기도해줬다

절친은 내가
코로나 백신을 맞고

사경을 헤매고
있을때도 기도해줬다

절친은 무시로 기도하는 천사이다

이 절친은
따뜻한 내 절친은

절친은 카타콤의 어느 묘비명에

써 있는 무명인의
글귀처럼 살아있는

생명의 토기장이로 불린다

절친은 희고 힘 있는 음성으로
말을 하는 힘 있는 강물이다

절친은 우거진 나무 사이에서
나무와 노래를 하는 독수리이다

절친은 모든 것을 가진자이다

신께서 절친에게
날개를 부어주시고
행복하고 행복하셨으리라

신께서 그가
태어나던 날을 바라보시고는

이내 아늑한 표정을 화답하셨으리라

시가 올 때

언제쯤일지는 모르지만 그런 적이 가끔씩
쓰다가 시 쓰다만 시를 더 봐야하는데
다시금 시를 새롭게 시작하는 그때가 있지
앉아서 사뿐히 내 어깨에 내려앉고서는
조용하고도 조용하게 말을 걸어주는
그 제스처의 세계 그 어느 것을 비교하랴

그렇지만
그렇다가도

누워서 천장에 박힌 별자리를 물끄러미
보면서 속눈썹에 내려오는 빛들의 볕들
새벽에 뜬 별처럼 차갑지 않은 둘레로
나의 손등에 닿아서 다른 길을 만드는 길
그래도 눈을 깜박이며 내가 돌아온 길
다시 둘러보며 시의 꼬리를 잡아보는 일

시험을 준비하는 자세

새벽에 일어나 무엇인가 적어보고
시험 보는 말들을 다시 생각해 보는 새벽
뿌듯하게 다시 입으로 말해보고
손가락으로 하나씩 세어보고 나서
마음으로는 휴유, 이런 미소를 지어보고

지금은 새벽 2시 36분
시험 시간까지 남은 시간을 계산해보고
처음 시험을 보는 것도 아니지만
시험이라고 생각하면 꼭 아이같이
나는 옹알거리는 아기가 되는 건 왜인지

저녁엔 친구와 차를 마시기로 했다
갑자기 생긴 스타벅스 시크릿 쿠폰이 있다
누가 앱에 넣어둔 지는 모르지만
1+1 쿠폰이니 1+1 쿠폰답게 쓰면 되고

며칠째 비가 와서 빨래를 하지 못했다
아침에 일어나 빨래를 해 놓고서
귀리 죽을 먹고 나서 길을 나서겠지
과거 시험을 보는 듯이 걸어가고 있겠지
길거리에는 온통 시험 문제들이
회오리바람을 한 채 내가 가는 곳마다

굿모닝, 굿모닝 하고 나를 반겨줄거야

음악은 참 신비한 물질이에요

5부

2025 봄, 가방 공예를 하며

나는 그녀와 함께 실로 가방을 뜬다
한 땀을 뜨고 또 한 땀을 뜬다 바늘이 실을 통해 새 빛이
태어나는 것을 보는 것 같은 생각을 한다

나의 바느질은 아직 자라고 있다

내가 당신을 사랑하는 크기같이 얼마나 자라고 있나 나는 진실을 말하는 것에 대해 언제나 아무렇지 않았다 다만 나를 꾸미는 게 상당히 불편했다

불편하면 물도 잘 못 마신다
불편하면 말도 안 나온다
불편하면 시도 안 써진다 —

아닌가 불편한 시가 나오는 건가 —

어찌 되었든 실과 바늘과 겨울의 공기 사이에서 나는 수많은 동작을 본다 이런 고요함 속에 살고 싶었다

너무 밝으면 눈이 멀 것 같아서

투명한 것을 잘 보는 사람이 대단하다고 여긴 적도 있다 나는
가방을 만들며 또 한 사람 그 생각해 보는 것이다 그랬지
그 사람 실타래로 만든 가방을 메고 있었어

기억이나 그 장면이
뇌의 어느 부분에 실처럼 지금도

이음선으로 가고 있다

일단 나는 그 자리를 이동해야 했다
그물에 걸리듯이 바람의 발걸음이 자꾸 신발을 잡아 빼는 것이었지

멀리서도 당신의 둥굴어짐이 투명한 동공에서
빛나는 것을 나는 봐야 했다

멀어져가는 나의 계절 뒤에서

당신의 무채색 꿈들이 내 시야로 가까워졌다가
더 멀어지고 있었다 그 여름과 가을 사이 나는 크나큰 둥굴어짐을 마주하는 것은 어렵지 않았다

때론 내 둥글어짐을 어느 곳에서나 찾게 되었다 하지만 그것을 떠올리지 않으리라 결정했다

그 둥굴어짐을, 그 둥글어진 기억을.
드디어 가방을 만들었다 색은 청록이다 내 마음과 손끝에 청록의 구름이 만들어져서 이 또한 건너가는 계절을 본다

프랑스 자수의 밤

나는 일과를 마치고 프랑스 자수를 했다

손과 손의 이동하는 거리는
실과 바늘 사이로 들락날락하는 꼼지락 꼼꼼, 들

바늘과 실은 차암 이쁘기도 하였고
밤이 오고 또 오고 나는 또 실통을 찾아 바늘을
실에 넣어보기도 하고 밤은 나뭇가지 사이에도

다정스레 이동하는 것을 보고
겨울과 봄의 블라우스는 실에 물듦이 물 들어가는
해이기도 했으며

남은 반제품도 구름 위에
뭉게뭉게 맡겨두기도 했으니

아하 빛나는 건
그저 빛남으로 존재한다는 걸 이번 기회를 삼자고

마무리를 하며 그리 마무리가 되었던

*2016년 겨울 프랑스 자수 자격증 취득
할 때를 생각하며 시를 씀

☆빛 커튼의 〔소년〕

☆
☆
☆☆

의자에 앉은☆

그리고
☆☆☆☆

별 위에 있는
☆☆☆☆

☆☆
☆
☆☆

☆☆☆☆
☆☆

☆☆
  ☆
☆☆
☆☆
☆
☆

그 천문의
그 별의 모양

☆Σ☆

☆☆☆
☆　☆

☆☆

☆
☆

별의 지복
☆

그
별의 큐브

독특한
☆

오른쪽으로나
☆왼쪽으로나

☆은
☆이 늘어날수록

늘
☆이

줄어들지 않는다

유일하게
지구에 있는

☆이기에
☆☆이라서

☆로 태어났으므로

☆
☆☆☆ ☆☆☆ ☆

☆@☆@

☆ ☆☆☆
★☆☆☆ ☆

♡☆♡ ☆ ㅁ☆☆☆
☆☆☆ ☆ 수평으로《☆》

☆☆
☆
☆

항상 나에게

☆은
^±±++++++^

되는☆

그래서
모두가 어느새

그
☆처럼

되어버린 ☆☆의
분홍 눈들의 수정체

또 옆의

S의
☆의 의자

☆☆☆의 S들

〉☆&☆
〉☆&☆ ☆&☆

〉☆〉☆&☆ ☆&☆

잎사귀의 S의 ☆
나뭇가지의 S의 ☆
무럭무럭 자라나는 ☆

빗방울이 켠
촛불의 ☆과

☆의 또각또각 있는

웃음의
☆의 모양

혜의☆
의자의☆
너와 나의☆ 그☆

앉음과 서 있음의
공존이 나무의 ☆

무엇보다
이젠

그 별의 完成體

*2025/05/08 래빗 지음

내 시는 나무로 시작해서 나무로 끝난다 (♡)

난 처음엔

쓴다는 것에만
초점을 두어서

잘 인식하지 못했다

시어들과
행 사이에서

나뭇가지의 길이
길고 기다랗게

있었다는 걸 말이다

그 길은
옳게 뻗어가는

생각이다

왜, 라는 질문은
접어놓고

이제 그
길을 따라가 본다

아

아 이처럼
길고 넓고

광활하기만 한
숲이었다니

그것도
델리시오사의 숲,

숲숲이었다니

경탄의
숨들이 자꾸만
머리끝에서

두 개의 반원을

각도기의
둘레로

쉼 없이도
쉬지 않고

서술하고 있다

반지를 비워두면 삼각형이 되고

팔찌 다음 좋아하는 것은 반지

나는 결혼을 모르지만
약지에 반지를 끼고 다닌다

은반지 두 개가
내 왼손가락에서 빛을 내는
것을 보는 것도 즐거운 일이다

빗물들이 모여 있다가
햇빛의 마름을 보여주는 것

모든 게 나를 산뜻하게 해주는 것
같은 생각이다

반지들은 반지들의 일과가 있었다
시간에 따라
변하기도 하고 시간을 따라

때론 아무런 인사도 없이
내 손가락에서 빠져나가기도 했다

어딘가에 겹쳐 사라졌는지
어느 곳으로 날아갔는지 알았다면
다정하게 인사를 해두고 해두었겠지

해줄 수 없는 일

이 노래는
가수 박효신, 님이 부른 노래이다
셀 수 없을 만큼 들었는데
슬플 때 들으면 폭풍 눈물이 난다

눈물이 오름차순과 내림차순을 계속한다

목소리 때문인데
감정에 목소리가 섞이고
가사가 내게 엉켜서 좋고 나에게
들려주는 이 예술이 대체 무엇일까,

이런 생각을 했던 날들이 있었다

온종일 듣는 것을 좋아하고

한 곡의 노래를
여러 번 수 없이 듣는 것을 좋아한다

아예
곱씹으며 한 글자 한 글자
가사가 콕콕 박히는 것이 좋다

나는 들을 때마다 새롭고
들을 때마다 처음 듣는 것 같고

들을 때마다 슬퍼서 좋기만 하고

달에 있는 빛의
요정들의 흔적들을 보는 기분이다

닐 암스트롱이 달에 착륙했을 때의
처음의 심경을 보는 것 같다

이 노래에는
내가 알지 못하는 무언가가 있다

그게 무엇일지는
지금까지도 알 수 없지만

이 목소리에는
내가 알지 못하는 것들이 있다

앞으로 어떨지 모르겠지만

울고 싶은 날 실컷 울 수 있는
나만의 어여쁜 눈물샘의 촉촉한 노래

슬픔이 얼마나
아름다운 것이라는 것을
이 목소리를 통해 알게 했던 겨울

*이 노래를 첫 시집 내고 처음 들음

2025 여름, 서울 전시회에서

그림이 나를 부르는 것 같아서
전시회를 갔다

세모의 사랑이 있었고
세모의 기울기가 있었다

순수해서 좋았다 아름다웠다

나는 얼마 전까지만 해도
배우님이 나보다 나이가 많은
분으로 알고 있었다

성숙한 연기를 너무 잘하셔서
그저 나는 그렇게 생각했나 보다

각시탈을 보는데

어쩜 또 이렇게 악인을 정성을
다해 몰입하면서 연기할 수 있을지

연기를 잘해서
놀란 것도 있지만

청아한 분위기에서
나오는 저 에너지는 어떤 것일지

무지개색 우주를
가진 것은 아닐까

아냐,

세상에 없는 물감의 색을 지니고
있겠지

이제는 이런 생각을 하고

*배우이자 화가인 박기웅님 화이트스톤
갤러리 전시회 기념의 시

고흐 그림

고흐 그림엔
고흐가 고흐로서 있으며

고흐를 생각하면
고흐가 되는 기분이고

고흐가
저 어느 쪽에서

이쪽으로

내게 올 것
같기만 한 미술관

낮의 대전시립미술관

언제였나
그림이 더는 그림의
이상이라는 것을 알았던 것이

고흐의 그림엔
고흐의 붓과 빛과 명암은
있지만

고흐는 고흐로서 있으며

나는 미술관에서 내리는 비를
우산으로 받아가며

그 어느 때보다도
조용하고도 조용하게

고흐를 보러 다녔던 오후였다

내가 누비는 곳마다
고흐의 발자국은 있었지만
고흐로서 존재하는

고흐는 어쩐지 보이지 않았다

집에 오는 길에 길어진
해의 그림자를

사이프러스 나무의 위에
올려주기도 하고 산책을 하며

하늘에 나온 나의
귀여운 달님과
쉼 없는 대화를 나누며

별빛의 움직임에 눈을 깜빡이며
하루를 정리하던 날이었으며

모지스 할머니의 크리스마스 선물

이 책으로 말하면 따듯하고 따듯한 책이다

이 책을 펼치면 나에게
눈꽃의 향이 와르르 쏟아지는 것 같다

그림을 보고 있을 땐
내가 모지스 할머니의 딸이 된 것 같고

책에 있는 그림들은 내게 손을
흔들어 주는 것 같으며

나도 그 흔드는 나무의 손을 잡아본다

그 손을 잡고 그림책을 읽어나가고
썰매가 있는 마을에 도착해서는
같이 썰매를 타고 즐거워하고 있으며

똑똑, 눈 맞은 나무의 문을 열고
나도 크리스마스 축제로 걸어간다

이 책을 읽으면 내 마음이 은은한
치즈 머핀이 심장 한쪽에 있는 것 같다

오늘 밤엔 이 책을 품에 담고 잠들어야지

내가 쓰는 시에 대해서

시간이 역행하게 되면
내 시를 찾으러 이름조차
알 수 없는 사람들이 오겠지

나는 그대들을 위해
또 다른 시를 만들어 주고

다시는 헤어지지 말고
내가 새집을 만들어 줄게

신발도 만들어 주고
우산도 핫케이크도 시의 집도

도깨비방망이도 줄게

구름을 눈과 마음에 담고
별의 이름을 밝혀 주고

겨울에도 밤이나 낮이나
벚꽃이 꽃송이를 피우겠지

내 시를 읽는 그대들에게
원하는 것이 무엇이든
나는 다 해 주고 말 거야

노다 요지로

보통 제가 뮤지션을 알게 되는 통로는 우연한 기회에 음악을 듣게 되었을 때, 또 사람들의 소개로 알게 되었죠.

우리나라에서 굉장히 알려진 애니메이션 '너의 이름은'을 저는 좀 늦게 보았답니다. 어느 선생님께서 그 영화를 봤냐고 물었고, 저는 못 보았다고 대답을 했어요. 또 시간이 흘렀죠.

많은 시간이 지나가고 습작기였어요.
물론 영화 제목을 듣게 된 것도 습작기였어요.

문득 그 영화가 생각났어요.
우연히 그 영화를 보았는데, 저는 그 영화에서 나오는 음악이 좋더라고요. 특히 잠잘 때 미츠하 연주는 너무나 편하게 잠을 잘 수 있게 해주었어요.

음악으로만 알고 있어서 음악을 만드는 사람에 대해서는 전혀 모르고 있었답니다. 제가 좀 그래요. 그때는 더군다나 습작기였고, 거의 시 쓰기에만 집중을 하고 있었으니, 더 그랬을 거예요.

우연히 다른 음악을 듣게 되었죠.
시 같은 가사. 라임 같은 반짝임의 눈빛들이
밝게 눈에 들어오더라고요.
소개해주신 선생님께서는 그 영화를 보시고 중학생이 된 기분 같다고 말씀을 하셨었어요.
혹시나 그 영화에서 등장하는 미츠하를 떠올리고.

예지몽을 꾸는 저를 생각했던 것은 아닌지 하는
이런 생각을 나중에 해보기도 했답니다.

나중에 만나서 물으면 그가 이야기를 해주겠지요.

그 선생님께서 늘 영감 있고 창의성 있는 자신만의 색깔을 가진 예술가를 저에게 가끔 그렇게 언급하셨던 것 같아요.

그와 나눈 대화 중에 또 기억에 남는 것은.
왜 저에게 남자친구를 안 사귀냐고 했어요. 그래서 저는 일부러 안 사귀는 거라고 했어요.

왜냐하면
둘의 행성이 부딪히는 무슨 일이 생길지
모르기 때문에 그렇다고 했더니

그가 무슨 말을 했어요.
저는 무슨 뜻인지 그에게 물었어요.

그 이야기를 나눴던 해가 스물일곱이나 스물여덟,
그 사이인 것 같기도 하고요.
또 시간이 지나서 기억이 안 나기도 한답니다.

아무튼, 이 가수분께서 2025년에 그동안 공연했던 콘서트 모음을 공개했는데, 젊은 시절 참 멋있게 음악을 하며 살아왔다는 것을 알게 되었어요. 콘서트를 유튜브로 보고있었는데, 그때 조카들이 집에 놀러 온 거예요.

계속 놀자고 노래하는 조카들이었죠

고모가 지금 아주 중요한 걸 하고 있단다.
하고, 조카에게 이어폰을 끼워 주었고요.

그랬더니 조카는 신났는지 방송이
끝날 때까지 그 음악을 듣고 있더라고요.

그래서 제가 방송이 끝나고
이 오빠 멋있지? 그랬더니 멋있다고 했어요.

이 오빠가 다 만든 음악이래.
대단하지? 그랬더니 대단하다고 했어요.

이 가수분은 꼭 돈데크만을 가진 것 같아요.
혹시 모르죠. 정말 그럴 지도요.

음악의 만드는 에너지가 크고.
예전에 만든 음악도 얼마나 사랑스러운지.
들을 때마다 행복하고, 들을 때마다 신난답니다.

좋은 음악을 만들어 주어서 고마운 마음이에요.

그리고 이 가수분의 생각과 마음엔
무슨 색깔들이 섞여 있는지는 잘 모르겠어요.

음악을 만드는 힘이 큰 것도 분명한데

때론 아이 같기도 하고 어른 같기도 하고 무엇보다
신중하며 삶을 깨우친 아메트린 천사처럼 보여요.

앞으로 무슨 음악을 만들고
사람들을 또 놀라게 할지 기대가 되어요.

그런데 지금까지는 결코
들어본 적이 없는 음악이 나올 것 같아요.

어디까지나 제 생각이에요.

음악은 참 신비한 물질이에요.
우리 마음속에 생각 속에 몸속으로 들어가서,
작용하는 힘이 시간이 지나면 더 증폭되는 것 같아요.

시간이 흐르고 하고 싶은 것 중의 하나가,
콘서트 가보는 건데.

건강해져서 하고 싶은 게 많아요.
그때가 언제가 될지는 모르겠지만요.

그날이 멀지 않게 오고 있는 것 일지도요.

Theme of Mitsuha의 음악을 들으면
저는 늘 습작기 때의 제 모습으로 가는 것
같아서, 시를 쓰는 초심의 제가 되는 것 같아 좋답니다.

피아노의 산문 1

첫 시집을 엮을 때였어요. 저는 겨울이 오고 크리스마스가 되면 류이치 사카모토의 피아노곡을 연주했던 때가 있었어요.

문득 어느 해 류이치 사카모토가 생각이 났답니다.
그랬는데 투병을 하고 계시더라고요. 저는 첫 시집에 그의 이야기를 실으려고 밤에 원고를 보며 있었어요.

갑자기 눈물이 나기 시작하는데
그가 얼마 안 되어서 다른 세상을 향해
가야 한다는 사실이 저 멀리 뭉게구름처럼요.

마음이 참 먹먹해졌어요.

이후에 소식을 듣고서 울었던 것 같아요.
그 후에 그가 꿈에 나왔는데
크나큰 피아노 앞에서 연주를 하고 있었어요.

삶의 마지막까지 혼신을 다해 연주하는 것을 보던 그때를 어떻게 다 설명해야 할지요.

그가 마지막까지 기다렸던 예술을 생각했으니.
그는 진정한 예술가입니다.

꿈으로의 산문 2

나와 연결된 예술가들은 생각지도 않게 그들이 사는 곳을 꿈으로 보거나 그들의 작업 환경을 내가 다녀오는 꿈을 꾸어요.

제가 어느 날 꿈 생각으로
다음날 피곤해서 하나님께 기도를 했어요.

꿈을 좀 그만 꾸었으면 좋겠으니,
오늘은 꿈 없이 잠들었으면 한다고요. 그런데 어느 선생님께서도 나와 같은 말씀을 하셔서 웃었던 기억이 납니다.

여고 친구가 있었어요.
나에게 거북이라고 별명을 지어주었어요.

이유는 몰라요. 착하고 마음씨도 예쁜 친구였어요. 이십 대였나. 아파트 화분에 방울토마토가 주렁주렁 열렸고요. 그 친구의 태몽이었는데, 여야 쌍둥이를 낳았답니다.

그리고 늘 나를 언니처럼 따랐던 아라도.
하얗고 튼튼한 백도라지 두 개가 시멘트로 올라오더니 피어나더라고요. 그 착한 동생은 남녀 쌍둥이를 낳았습니다.
또 한동안 요가 수련을 못 할 때가 있었는데,
꿈에서 계속 요가를 하고 요가를 가르치기도 했어요.
이후 요가 수업을 진행하기도 했고요.

언젠가 제가 커피소년에게 예지몽을 꾼다고 했어요.

그는 나를 이해해주었어요. 나에게 영적이라고 말해주었죠.
생각해보니, 나에게 늘 좋은 말을 해주었던 것 같아요.

나는 그를 더 돕지 못해 미안할 뿐이에요.
그는 착하고 성실하고 뛰어난 예술가였죠.

해맑은 얼굴로 콜롬비아 패딩을
입고 왔을 때가 기억나요. 정말 학생 같았어요.

강산에의 "거꾸로 강을 거슬러 오르는 저 힘찬 연어들처럼"의
노래를 좋아했어요.

그에게 커피소년의 창작시를 보여주었을 때가 문득 떠오르네
요. 그 시를 마음에 들어 하는 것 같았고요.

시심이 무엇인지 알게 해준 분이니,
고마운 분이랍니다. 그는 더 잘 될 거예요.

또 또 무엇보다 저는
시를 사랑하는 마음뿐이었던 시절이었어요.
지금 생각해도 그때는 거의 밤에 잠을 이루지 않았어요. 온통 시
생각뿐이었던 것 같아요.

커피를 마실 여건도 안 되었던 그때,

어느 날 꿈에 문재인 대통령님께서도 나와주셨어요.
밝은 모습으로 웃으면서, 나에게 말을 걸었답니다

시를 쓰는 나에게 격려의 말까지 해주시고요.

기약 없는 등단 시절이었는데.
얼마나 나에게 힘이 되었는지 몰라요. 정말 나에게
사막의 단비 같은 속 시원해지는 꿈이었어요.

첫 시집 출간을 하고 몇몇 작가님들께
시집을 보내드렸어요.

그때 박성우 작가님께 보내드리면서
문재인 대통령님께도 시집을 보내드리면서

제 사인을 하는데
어린아이가 이름을 쓰는 기분이 들더라고요.

얼마나 아기 같은 마음이었는지
우체국에서 정말 아기처럼 웃었어요.

예상하지 못한 상황이라서 더 그랬나 봐요.
요셉도 야곱도 다니엘도 꿈을 통해 앞일을
예견했지요. 꿈은 신이 주신 선물이라고 여겨요.

저는 또 생각해요.
누구에게나 있는 선물이기도 하고요.

제가 누굴 좋아한 지 너무 오래되어서
지금은 기억조차 나지 않습니다만.

머지않아, 새 남자친구가 생기려는지

얼굴을 알 것 같기도 하면서요.
얼굴을 알지 않을 것 같기도 하였던

그가 꿈에 저를 찾으러 왔었어요.
참 성품이 정겹기도 하지요.

얼마나 해맑게
나를 보고 있었는지 몰라요.

이 꿈도 아주 예전에 꾸었던 꿈이죠.

제가 세종에 계신 스님께
언젠가 꿈을 꾼다고 말씀을 드렸더니,

그러지 말고 저에게,
시로 쓰거나 글을 쓰라고 하셨어요.

역시 스님,
다운 말씀을 해 주셨어요.

그래서 이렇게 조금씩
꿈의 이야기를 즐겁게 쓰고 있는 거죠.

길지만 길지 않은 산문 3

친구에게 이런 질문을 한 적이 있어요.
성경에 인류가 구원받는 노정이 적혀 있는데

그럼 외계인은 어떻게 되는지 제가 아주
심도 있게 질문을 했거든요.

저는 정말 신중했어요.

중학교 이후 교회를 안 다니기 시작해서
고등학교까지도 종교 생활을 안 했거든요.

그 친구는 제가 외계인의 존재를 믿고 있고
그들에 대해 호의적이라는 것을 알기에.

걱정하지마.
그들에게도 성경을 주었을 거야.

라고 말하던 친했던 친구가 있었어요.

그 친구가 많이도 생각나던 해였어요.
옷을 사서 몇 번 입고 옷을 주기도 했고요.
어느 때에는 가깝게 지내기도 했어요.

저에게 고등학교 때 너는 늘 고독해. 라며
저에게 이런 말을 할 줄 아는 친구였답니다.

저조차도 몰랐던 저의 마음을 볼 줄 아는
몇 안 되는 친구였답니다.

여고 때 써준 편지를 가끔 읽어봐요.

제가 흰 목도리를 빌려주었는데,
그게 고마웠는지 편지를 보내왔더라고요.

수능 백일 기념으로 다른 친구와 같이
셋이서 서울을 갔던 기억이 있어요.

얼마 전 서울을 다녀오면서,

센과 치히로의 행방불명을 보며,
서울 영화관을 처음으로
친구들과 가보았던 경험도 떠올랐죠.

용산역에서 우리가 기차를 기다리며,
롯데리아의 햄버거를 웃으며 친구들과
먹었던 게 스치듯이요, 떠올랐어요.

아무리 찾아도 롯데리아가 안 보였어요.

기차에 오르기 전, 1층에 있더라고요.
그때의 롯데리아가 있었어요.

저는 괜히 더욱 반가웠답니다.

친구들과 영화 허밍을 봤던 기억도요.
또 여러 번 등산을 같이하였고요.

석가 탄신일에 그 친구랑 엄마랑
신원사에 들려 밥도 먹었어요. 즐거웠어요.

우리 셋이 친한 친구가 된 것처럼
재밌게 잘 지냈어요.

시골집에도 몇 번 놀러와서
자고 간 적도 있어요.

생일날 잊지 않고 눈을 맞아가며,
생일케이크를 가져와서는 축하해주던.

그 친구에게 받았던 그 사랑을,
이런 마음이 들면, 저는
그새 또 뭉클뭉클해진답니다.

그 친구에게 잠깐이었어도
좋은 마음이 남아있었으면 해요.

언제라도 다시 만나게 된다면,,,
언제라도 다시 만나기를,,,

늘 아프지 말고
친구가 잘 있기를 바랄 뿐이에요.

나뭇가지에 날개를 숨겼으리라

6부

눈 오는 꿈

눈이 왔다

펑펑 발자국은
귀염성이 있었다

맞은편에
서 있는 이가 있었고

마치 어제도
꿈에 등장했던 것처럼

나를 가만히
응시하기만 했다

나는 놀라지도 않았다
나는 놀랄 것이 없었다

왜냐하면
그는 날개가
있었기 때문이다

처음부터 날개가
있었다는 것을
그는 몰랐을 것이다

그러나 그가 날개가

있다는 걸
알게 되었을 땐

하늘은 잎으로 입고
화살나무가 있듯이

나무들은
키를 줄여가며

나뭇가지에
날개를 숨겼으리라

그도 곧
날개가 있다는 걸

알게 되었고

그는 날개가 있었지만
없는 듯이 있었고

또 그렇게
살았고 살아왔으니

그는
그의 날개가

줄기의 무늬처럼

자라가는 것을
보며 다음의

시간들이 그에게는

클로버의
둘레만큼이나

클로버의
뭉쳐짐 같은 거나

그의 펄럭이는
신발의 뒷모습 같거나

넌 그러므로 나

넌 잘 지내고 있지
난 잘 지내고 있지

팬, 볼펜을 사서 걸었네

피아노들이 도로
위를 지나가고 있었어

건물에 있었던 걸까

잠든 피아노였으려나
난 잘 모르겠더라고

또 체리나무도 샀어
체리 열매가 잘 자라도록

흰 우유와 설탕을

잎사귀에 뚝, 뚝
뚝, 뿌려주었더니

새잎이 돋는 게 보였어

귀엽고 귀엽지만
딸기향이 나는 것 같았어

너는 잘 있는 것처럼
나는 그렇게 생각해

그래야 내가 잘 살아
갈 수 있으니까

우리는 지금 이렇게
있는 것만으로도

다 되는 것 같아
다 되는 기분이야

손끝에서 피어 나오는
글자들의 크기 좀 봐

너에게 달려가려고

신발 끈을 단단히 묶고
있는 게 보여

이쁘면 난 이쁘면 뭘

그렇게 되는 향처럼
체리는 오고 있는 거야

콜린콜링

콜라를
가방에 부어 다녔다

싸그락 싸그락

가방에 있던 시들이
활기를 찾아

통통

튀어
다니는 시간이

좋고
즐겁고
재미있었다

난 언제든

콜라를
마실 수 있었다

난 언제든
콜라와 살 수 있었다
마음을 먹으면

난 콜라도
될 수 있었지

이제는

내가 그걸 허락하지
않는다는 것이다

나는
이제 가방에

있는
콜라의 시가

통통통의

기울어짐으로
보고 있는

이것을
나는 무척이나
기다린 일이겠지

그래 무척이나도

파프리카의 파포 1

고통 없이
죽어 있는 나를

꿈속에서

나는 나를
마주하고 있었다

지금도 죽는 꿈을 꾼다

아침에 물리치료를
받고 집에 와서

박사 논문을 정리하고

점심을
먹으려고 준비하다

시를
잘라내다가
손가락을 베었다

순간적으로
살이 붕 떠 있었고
피가 멈추지 않았다

응급실에 도착해서는
맥박을 재고

응급처치를 받았다

테이프를 붙이고
살이 붙으면

봉합을 하지 않게 된다

잠깐 혼이 빠진
꿈의 상태로
시간이 지나갔다

집으로 돌아와서
다시 점심을 준비했다

식사를 하고
다시 논문을 정리했다

논문이 더 말끔해졌다

시가 피처럼
흘린 손가락에서

과거에 쓴 시들이
훌훌 날아가는 것

같기도 했다

밤이 왔다
이 시만 쓰고 나면

나는 이제
쓸 수 있다는 것이

얼마나 귀했는지

다시 깨닫는
아침이 되겠지

이, 이이 다음에는
지금까지는

쓰지 않은 시를
감히 흉내 내지도

못하는 시들을
쓰고 있겠지

훨훨 그러고 있겠지

파프리카의 파포 2

왼손에서
오른손으로

이동하는 시

나는 지금까지
시를 왼손으로

시작했었다

그리고
그 왼손에게

오른손의 역할을
담당하게 했다

그래도 꽤
괜찮았었고

작업이 백프로는
아니었지만

만족할 만큼의
모양들로
크기를 만들며

이제 나는 상처
난 왼쪽의
손가락을 대신하여

오른쪽 손가락으로

시를 쓰는
사람이 되었다

시가 옮겨오는
시간

시가 옮기므로
있는 시간

그 어느 것이건

내가
시를 쓰고

생각하는
그 모든 시간

왼쪽의 흘린 피의

시들은 시간처럼
돌돌 말아

공기에 적은 시들이

어느 나라에
도착해 있겠지

그럼 나는 또

시를 여미고
시의 공책도

여미고
또 여미고

따듯하리만큼

이 여름도
여미고 나서

새 시집이

정리가
되는 것을

보고도 남을 테고

그리고 또
시의 공간과

진사여래

갑자기 머릿속에
뛰어드는 글자

지금은, 은.
새벽은, 5시 31분

비가
세차게 내리고

번개도
들이붓고

번개도 손등에서
번개도 무릎에서

윙윙거리는 지금

어제의 손은 씻었고
오늘의 손을

다시 데려와서
다시 불러와서

빗소리가
귀에 박히듯이

나는 이 메모장에
몇 글자를

박아놓는 일을
해 보는 지금이네

번개는 아직도
시인의 시어처럼

사납게 몰려다니네

어디로
가고 있는 것일지는

모르겠으나
쾅쾅 가고 있겠지

손이 없는 듯이
살았던 어제

다시 손이 생겨서

이 기쁨
말할 수 없이 기쁘니

지나간 힘듦 따위는
다 잊어버리네

밝게 들리는
오르간의 음악에

주파수를 맞추어보고

글자들은 손으로
운지법을 익히듯

오밀조밀하게
세상으로 나오네

이제껏 시를
생각만 했던 나

너는 이제
시가 될 때가 되었다

이렇게 말하면서

쓰려면
이제 펜도

공책도 크, 크게

중요한 게
아니었음을 조용히
바라보는 나

더 조용히
손과 운지법을
생각하고 있는 나

나는
다시 태어나리

시어로 몸을

휘
감
고

이 세계에서
한껏 벗어나리

비켜 가리
더는 기억이

슬픈 것이나
젖은 눈물이나

더는 묻어나지 않고

카페더달에서

수요일은 강경에서
아이들을 만난다

아이스 아메리카노를

주문하고
의자에 앉는다

사각형의 얼음눈들이
텀블러에서도
옹기종기 모여 있다

으음, 얼음도
커피일까

으음,
커피가 얼음이
되는 걸까

둘은 길다란
텀블러 안에서

서로의 몸을
부둥켜 안고 있다
나는 둘의 표정에서

불연속적인
사이를 보고

이어지는 그림자들을

호
호
호
길고 긴

긴 블랙 스틱으로

눈을 맞추고
있는 것인데

귤나무의
가지와 잎사귀는

퐁퐁퐁, 퐁퐁, 퐁

바닷물 노래를
불러가며

여름을 말하고 있다

커피와 감자탕

나는 커피를 좋아하고
오빠는 감자탕을 좋아한다

우리는 서로 다른 듯
비슷하지만 가족이 되었다

남자아이 둘도 생기고
나는 어느새 엄마가 되었다

남자아이들을 키우는
나는 참으로 깜찍한 엄마

나는 피아노도 좋은데
무엇보다 우리 아이들도 좋다

봄도 여름이 오는걸
색을 통해 쉼 없이 알리듯

나의 계절도 푸르스름하게
건반 사이에서 다시 오고 있다

*결혼하기 전에(2016년) 여고 친구에게
시를 써준다는 약속을 이제 지킴

습작기 하늘

어느 선생님과
다정한 식사를 하고

여름의
따듯한 차를 마셨다

유난히도

시를
사랑했던 그때

나는
글을 쓴다고 하자

나를
신기하듯이

힐끔힐끔 보시더니

그럼 무슨
글을 쓰냐고
나에게 물으셔서

나는 대답하기를

예를 들면
지금 여기 카페에도
하늘이 있다, 고

이렇게 쓴다고 했다

그랬더니
휘둥 그래지는

눈빛으로 웃으셨다

카페리추얼 1

습작기 이전부터
그 이전부터

20대 독서 모임 때는

이 카페는 달나라
콩사장, 이었다

재미난 일들이 많다

우리 이쁜 아라
나를 잘 따르고

항상 혜정 언니는
이쁘며 본받고 싶다던

그녀와 또 몇몇과도

그때의
구성원들과도

왔었던 정든 곳이다

그러나 하늘로
간 천사들도 있으며

지금껏 남아있어서
지금껏 살아있어서

기억들을 기억할 수
있는 일도 기쁘다

2019년 봄
습작기의 시절에

새의 얼굴, 을 쓴 날

사장님께 그 시를
처음으로 보여드렸다

다정하게도

시를 읽어주시던
모습이 내 눈에

선하게 남아있다

눈 내리던 날에
미끌미끌한

타이어를 끌고 왔었고
문화센터 종강기념으로

굴뚝 빵을 사서
아이들과도 한입

한입 생크림을 묻혔었다

첫 시집을 준비할 때

저녁 6시 즈음
시골집에서 나오는데

멧돼지들이 달리기를
하고 있었다

나는 잠시 정차하고

그들이 다 뛸 때까지
기다려줬다

리추얼에서 조조도
윤주 선생님
명화 선생님 몇몇 분도

리추얼에

같이 와서 이야기를
차를 마셨다
그리고 또 그리고

간간이 가끔씩
간간이 드물게

드립 커피를 사서
나도 모르는

어디론가
보내기도 했다

그래 그럴거야
원두는 잘 갔겠지

이미 한참이나 된 일

시어를 적듯
손끝에서 세숫물이

또 어딘가로 가는 듯

나도 리추얼에서
리추얼을 했으므로

이 시를 마치는
저녁과 밤 그 사이에

카페리추억 2

새의 얼굴을 쓰고
보여드렸더니

시의 답례로

거북이 이야기를
들려주신 사장님

그 사람이
거북이랑 살았대요

그런데

주인이
거북이를

잃어버린 거예요

주인은 잃어버린
거북이를 찾으러

다녔는데

어느덧
십 년이 더 지났대요

창고를 다시 지으려고

창고를
허물기로 했는데

그곳에
거북이가 있었대요

거북이는
주인을 떠나지 못하고

창고에서
살고 있었던 거예요

이 이야기를 듣고

동공에
거북이의 눈물이 생겼다

나는 거북이의
눈물의 그 이야기를

잊지 못한다

화분이라도 되어보자

밤이 오고 가는 길

우리가
무엇으로 태어나

우리가 무엇으로 살았나

그저 작고 작은
모양으로 시작한

이 우주의
일에 잠시 머무는 것

그렇게만 지내도

지상 최대의
낙원에 이르는 것이지

그리워하는 것은
저편으로

글자 접기 하듯이
우리 반듯하게나 보고
그리고

천천천의 시간이
흘러감으로 이욱고

흘러갔습니다

돌덩이보다
무거운 꽃이 피어났고

우리는 그것을

사랑이라
부르는 것이었답니다

슬프지도 않으니
나는 슬프지도 않은 것으로

방글방글한

그 방글방글한
것들을 터뜨리지 않았습니다

카페루스

이곳은
나의 시가 나의

이성과는 상관없이

시가 손끝에서
흩어지는 곳 입니다

나는 시와 있거든요

그 시가
어제의 시는 아닙니다

그 시가
훗날의 시도 아니고요

대추의 빛이
찻잔을 비추고요

비의 꽃송이들이

카페의
전구를 밝히죠

코스모스의 원두알

코스모스와
사과의 액자들

향초를 켜고
커피를 접시에 담아요

양상추의 샌드위치와
소소한 쿠키들과

제리가 살고 있는 집이죠

귀염둥이 비숑
강아지 나이스도요

온통 여기는요
코스모스의 하늘과

코스모스의
사계절의 시간으로요

유유히 나를
유유히 나를

넘어 넘어갔습니다

킴앤초이스

부여 가는 세도에 있는 카페다
눈이 많이 오던 날이었다
나는 나를 이끌어 여기로 왔다

첫 시집을 이곳에서도
평화롭게 갈무리를 했었지

향기로운 드립 커피와 모과나무가 있다

두 분께서 직접 만드신 상투 과자와
호두 모카 파운드 케이크와

르뱅st쿠키와 자몽에이드가
얼마나 맛있던지

쿠키의 시를 즐겁게 퇴고했었다

그 퇴고 하던 내 모습이
아직도 그림자와 의자에 앉아 있다

이따금 내 몸이 이곳으로 향하고
있을 때가 있다 계절이 바뀔 때마다

마치 내가 그 계절을 기억하듯이

촛불이 되어 너에게 옮겨붙는 일

7부

노라의 장미

이치카와 사토미 작가님의 책이다
직접 글과 그림을 그려 넣은 이 책은
물감의 숨결과 글의 숨결이
따듯하고 정겹게 직선과 직각 사이로
피어있는 장미들이 곳곳에 있다

감기에 걸린 노라

강아지 키키, 인형 마기, 곰 인형 푸
모두 노라와 일주일째 겨울을 보내고 있다

장미꽃이 피고
할머니가 한 송이를 따가고
남자친구들이 놀러 오고 장미 향기를 맡고
음악회의 행인도 장미꽃과 같이 떠나고

건축자의 아들은 꽃잎을 먹고
롤러스케이트를 탄 오빠는 꽃을 따서
휘리릭 사라져 버리고
맞은편에 사는 랄프 개도 꽃향기를 맡고

여자친구들은 파티에 가자고
노라를 찾아 왔지만 노라를 남겨두고
꽃들은 파티에 가게 되었다
때마침 신기하게도 노라의 창문에서

장미꽃들은 노라를 부르고 꽃들과
파티를 가고 키키와 마기와 푸도 함께

꽃 속으로

눈을 떠보니 이곳은 음악회
장미꽃들이 연주하는 즐거운 곳
즐겁게 춤을 추며 웃음도 지어가면서
차와 케이크도 먹어가면서

샌드위치를 내오는 꽃들
이때 들리는 노라의 이름들
트럼프 카드들은 바닥에서 나부끼며

노라는 세 친구와
얼른 창문 안으로 들어오고
노라의 창문 밖에서 남은 장미꽃
한 송이를 먹으려 하는 큰 소

소를 내쫓고 소는 유유히 길을 가고

남은 꽃 한 송이를 노라는
어쩌지 못해서 그림으로 남겨둔다

*이치카와 사토미 작가, 『노라의 장미』,
두산동아, 2012.

모지스 할머니

습작기였다 책 한권을 샀다
읽고나서 머리말에 두고 잠을 잤다
그때의 잠이 달디 달고 달았다

나는 내가 쓰는 시를 믿었다

민주가 그랬다
언니, 우리가 쓰는 시를 믿자

그 말이 더 시를 더 믿게 만들었다

내가 쓰는 시를 믿는 다는 것은
내가 시를 쓰기 위해 달려왔던

시간만큼이나 중요했다

그리고 더 써야 할 시가 있다는 것
그것까지도 믿어주는 일

아예, 이제 내가 사라져서
시만 남는 일 그리고

시가 된 내가 촛불을 밝히고
촛불이 되어 너에게 옮겨붙는 일

다자이 오사무

『병법』

문장 중에서 이 부분은 잘라 내 버리는 게 좋을지, 아니면 이대로 두는 게 좋을지 어찌할 바를 모를 경우에는, 반드시 그 부분을 잘라 내 버려야만 한다. 하물며 그 자리에 무언가를 덧붙여 쓰기 따윈, 당치도 않다고 해야 하리라.[1)]

일본 작가 다자이 오사무의 산문집에 있는 글이다. 좋아서 싣는다. 퇴고할 때, 책에 있는 문장들을 보면서, 퇴고하기 전의 글자들이 계속 생각이 나는 것이다. 너무 퇴고했던 나를 돌아보며, 그 글자 위에, 그 전의 글자들이 나열된 것을 여전히 보고 있다. 마치 나의 뇌 위에 당신의 뇌가 앉아 있듯이.

그럼에도 잘라버려야 하는 것은 예술의 미를 위한 거겠지. 나는 내게서 잘려나간 부분들마저도 안고 있고, 사랑하나. 이제 그것들은 내 것이 아니기에 더 아름답게 예술이 펼쳐질 것을.

그리고 더는 내 것이 아니기를.

---

1) 다자이 오사무 작가, 『마음의 왕자』, 민음사, 2024, 31쪽.

254

예술은 시합이 아니다. 봉사다.
읽는 이를 상처 입히지 않으려는 봉사다.[2)]

저는 위의 문장을 저녁에 읽었습니다. 병원에 다녀왔고 미옥 언니를 만났고, 계룡에서 음악 선생님과 헤이즐넛 라떼를 마셨습니다. 의사 선생님의 얼굴에는 상처가 없었습니다. 집에 돌아와서는 저녁을 먹고 운동을 했습니다. 일 년 만에 러닝머신 위에서 저는 땀을 흘리고 내 심장에서 흘려 나가고 있는, 당신을 보는 것도 같았습니다. 어찌나 가볍고 벅차던지 뇌에 깊숙하게 있던 문단들이 끊임없이 분출되고 있었습니다.

집에 돌아와 저는 위의 문장을 또 읽었습니다.

너무 좋은 문장을 보고 혀에 이 문장을 새겨둬야겠다고 여겼습니다. 아침에 다시 이 문장을 읽었습니다. 이 글을 쓴 작가님의 마음에 있는 빛을 내는 상흔들을 보며, 눈물이 부윱하게 두툼히 흘리는 책 몇 권을 읽는 것 같았습니다. 여름 하늘은 청초했습니다. 구름은 상처가 없었습니다.

저는 당분간 이 문장에 저를 맡길 예정입니다.

---

2) 다자이 오사무 작가, 『마음의 왕자』, 민음사, 2024, 254쪽.

소독을 하고

토요일 아침

일찍 일어나 새들에게
굿모오닝, 하고

분홍 샌들을 신고

스타벅스 초록 우산을
쓰고 정형외과로 갔다

신호등에는
오늘따라

별을 붙여놓았는지 유독
반짝임이 심했다

드디어 병원에 착륙

접수를 하고
의자에 앉아

오노레드 발자크의
그린 문체를 읽었다

내 순서가 다가오고

의사 선생님께서
손가락에
소독을 해 주시고

지금 살이 붙고 있으니

물이 닿지 않게
조심하라고 하셨다

소독을 하고

2층으로 올라가
물리치료를 받았다

가을이 온 것 같았다

창밖 너머로
까치들이

잎사귀들을 입에 물고

다니는 게
아닌가 싶었다

욱신거리는 내 손가락

병원을 나와

걸어가는 발바닥에서도

뭔가가 욱신욱신
간밤에
다리에서 피가 철철

넘쳐서
넘치는 꿈을 꾸었다

아직도
하늘에 가 있구나

아침에 아무렇지
않게

내 몸속으로
들어오는

내
영

천사들의 모양*으로
만든 내 영

시를 쓰니

마음에 묻은

묻힌 것들이

소독되고 있는 아침
그리고 아침과
오후의 중간 시간이다

내일이면

내 손가락은
언제 그랬냐는 듯이

잠시
갈라진 살들이

손가락에 척, 붙겠지

마치
너와 나의 사이처럼

*창1:26~28
천사가 만든 사람을 이곳에 데려옴

이른 가을 산책

가을이다
나는 산책을 한다

어느덧 여름이
가로수에 있고

가을이 바스락거리며

나무 등을 타고
내려오고 있다

언젠가의 가을은
언젠가의 가을다웠겠지

볼 수 있었으니.

그것으로
나는 멀어지는

연습을 한다

이전에도 그러했던
일례가 있었지

그때도 가을이었나

창문의 틈에서
별의 색으로

휘리릭
떨어질 것 같은 시들

또 휘리릭
떨어져 버린 시어들

주울까,
그럼 나도 창문으로

유성이 아니어도 돼

그렇다면 다시
발굴하자

나무가 피고
새가 오고 시를 맺힌

구름 송이들이
만개할지도 모르잖아

내가 널 가을로

생각한
그 한 때 같이

일하고 일하고 사랑을 하고

한동안
이 시집을 가지고 다녔다

내가 시인의 생각을
다 알 순 없지만

언어를 닮아가는 시간은

그 어느 때보다
더 시가 우르르 몰려왔던
그날의 그 오후가 생각난다

시어를 하나씩
비의 화단으로 나르는 기분처럼

우연히 그 시어를 나르다
또 시인은 더 우연히 만났다

그 시어로 이루어진
여러 권으로 모여있는
시집의 완전체를 보는 듯했다

*최지인 시인,
『일하고 일하고 사랑을 하고』,
창비, 2022.

명화 선생님

엄마 이름과 같은 언니가 있다 순식간에 친해졌다 순식간에 그 순식간에 말이다 i의 예쁨을 미리 보여드렸다 이번 표제작도 그때처럼 우연히 보여드렸다 낙엽이 부딪히는 색깔이 있기도 많은 날이었다 내동 스타벅스에서 제주녹차를 마시고 우린 디카페인 커피를 마시고 선선하게 밤공기를 마시고 서로가 서로를 위해 걸어주는 걸음은 참 사이프러스의 물결 같기도 하였다 각자의 걸음에 각자의 길들이 있었다 해야 할 일들이 있었고 나누어야 할 대화가 있었다 우리들의 대화에는 있는 것들이 많았다 낙엽이 더 붓에서부터 멀어지지 않게 있는 붓 터치가 먼저 있었다 그다음 후에는 첼로의 활이 있었다 그리고 첼로의 그림자가 눈송이를 밝히고 있었다 악보가 우리의 동공에서 드나들고 있었다 같은 걸음이었다 같아지는 도착지가 있었다 궁극적으로 하나의 장소로 모이는 시간을 우린 낙엽이 피는 밤이라고 불렀다

시간이 흐른 뒤에
건널목의 색은 우리가 본 소나무의 내면이 물들어 있었다

집에 돌아오는 길엔 천사가 먼저 건널목을 걸어가기도 하였다
나는 그냥 뒤따라가면 되는 것이었다

두려움 없이, 당신 자신이 되세요

이 책은 영성이 기록되어 있는 책이다.

아니타 무르자니 작가님의 사랑과 진심이 담겨 있다. 임사체험을 겪고 나서 집필한 책들은 많다. 이 책에는 개인적이고도 사적인 일들을 기록했다. 무엇보다, 자신 스스로 살아가는 것이 중요함을 말한다.

나의 내면에 귀를 기울이고
삶의 주체가 타인이 아니라 내가 되는 것.

어릴 때가 기억난다.

유치원 때 일이다. 엄마가 나에게 옷을 입혀주셨다. 나는 아무 말도 안 하고 엄마가 입혀주시는 옷을 바라보고 있었다. 그리고 옷을 다 입었다. 나는 아무 말도 하지 않고 엄마가 입혀주신 옷을 벗어 놓고,

내가 입고 싶은 옷으로 갈아입었다.

마음에 드는 물건이나
마음에 드는 자연이 있으면

직관을 따라 행동하려고 했다. 직관은 도움이 됐다.

그리고 나는 나에게 늘 그게 좋았다.

옛 기억이 스친다. 여고 때 입시를 앞두고 있었다.

엄마는 나를 조심스럽게 부르시더니, 여군 입대 지원서를 넌지시 나에게 내미셨다.

미처 상상하지도 못한 일이었지만.

난 웃으며 그때도 아무 말을 안 했다.
엄마는 참 귀여우셨다. 나에게 은근슬쩍 그 하얀 A4를 넌지시 내미는 모습이 아직도 기억난다.

그 길은 내 길이 아니라고 생각하기도 했지만.

엄마가 너무 귀여우셨다.
그날도 그 입대 지원서를 바라보는데 표정은 대담하셨지만.
난 속으로는 여러 상상을 하고 있었다.

스무 살이 지나고
학원 일을 시작하면서

엄마는 일찍부터,
내가 결혼에 관심이 없다는 것을 눈치채시고는

결혼을 서둘렀다.

남자친구가 없는데. 일찍 결혼해서 아이를 낳고 그래야 더 좋다면서, 엄마만 서두르셨다. 나는 전혀 관심이 없었다.
나의 관심은 오직 나였으니까.

세계를 바꾸고도 남을 만한
사람이 있었다면.

결혼을 하고 그랬을지도 모르겠다

아무튼, 엄마는 남동생들이 다 결혼하고 아이를 낳자
올해 설날에 조용히 또 한 말씀을 하셨다.

점점 더 나이가 들면 외로울 텐데.
그 말에는 여러 의미가 포함되어 있었다.

언제까지 부모가 너와 함께 할 수 없는 것과
너의 삶을 개척해야 한다는 것과

무엇보다 사람은 혼자서 살기보다
같이하며 부딪힘 속에서 살아가는 좋은 의미,

어찌하여 나는 사랑을 이렇게나 모르게 되었는지.
내 관심 분야가 못 되었다.
나는 내가 생각해도 참 알쏭달쏭하다.

어쩌면 나 스스로 해체시켰을 수도 있다.

어쨌거나, 스스로 사는 것은 정말 중요하다.
주체가 되어 삶을 꾸려나가는 일은 삶의 전체 일 수 있다.

생각하니, 나는 나 같은 주체를 만날 것이라 여긴다.

이 책에는 잠재력을 지닌 모든 이들의 열린 결말과
그 자아 밖의 세계가 누구에게나 있음을 말해주고 있다.

종교를 떠나 사람에게 깃든 잠재성,
그리고 이 세계를 살아가는 거대한 계획들이 있다.

때에 맞추어 일어나는 일을 책에 세부적으로 기록했다.

죽음에 대해 체험을 하지 않았어도
이 세계에는 생명과 죽음이 늘 어디서나 존재한다.

후회 없이 아쉬움 없이 살기 위해서는
누구보다 자신의 내면에 좀 더 귀를 기울여야 하며,

순수한 그 직관에 따르는 것은
자신 스스로의 믿음을 키워가는 것과 같다.

그리고 조건 없는 신성한 사랑과

자신은 빛의 존재이며
자신은 자연의 일부 존재이며

그 모두가 다 빛이라는 사실을 알아 가는 것,

그래서 이 내면을 통해 있는 그대로 살아가는
것이 사랑인 것을 알며,
그 자체가 축복임을 늘 자각하는 시간으로 사는 일.

그래서 그건 결국, 언어 이전의 세계임을

문학적인 일기

나는 일기를 좋아하고 일기를 읽기를 좋아하고 읽기를 좋아하는 사람을 좋아해 일기가 꼭 글자가 아니어도 돼
오늘 본 그림이 되기도 하고

커피의 영수증이기도 하며 헤어진 책의 뒷모습이기도 하지

난 일기 쓴 적이 언제였더라

나무들이 늘 잎사귀에 일기를 쓰기에 자신들이 나무라는 것을 잊지 않게

초록을 분주하게 마구 알리는 것을 봐

그렇게 일기를 썼기에
자아 성찰을 한 게 아닐까 싶어

그게 아니었으면

소나무에 꽃이 피고 오리가 앉아 병아리가 나뭇잎을 먹으며
육지와 바다가 같은 곳이 되겠지

우리들의 시를

예빈이 유지니 수정이 정연이
그리고 많은 아이와 그림책을 읽는다 눈이 오나 비바람이 치나 계절이 옷을 여러 번 갈아입어도 우리는 그림책을 읽는다 동시를 읽는다 동시를 쓴다 그리고 우리가 쓰고 싶은 시를 쓴다 우리는 다르지만 같은 시를 쓴다 우리는 의자에 앉아 시를 쓰며 시를 말한다

서로가 쓴 시를 격하게 찬양한다
우리에게 검열 같은 것은 없다 순수한 직관을 마음에 푹 담아 지내는 아이들이다 나는 도서실에서 또 아이들이 시를 쓸 때 나는 너는 내 곁에 있는 것 같다
너는 나를 따라다니고 있어서 넌 바쁘다

속속히 잘 알지만 속속이 모르기도 하며

또 그리고 우리는 주제를 두고 대화를 나누고 정답기만 한 토론을 한다 작년엔 찰리와 초콜릿 공장 영화를 봤었다 또 다 같이 장편 동화를 읽었었지 8절지에 초콜릿 티켓을 그렸다

웡카는 단순하게
흰 머리카락 때문만은 아니었을 것이다
진짜 초콜릿을 좋아하는 아이를 만나고 싶었을지도 모른다 이 영화를 봐도 너무 많이 봤다 볼 때마다 나는 어린아이가 되는 기분이다
볼 때마다 나는, 동심이 어느 곳에서나 눈길을 끌고 있어서 좋다

동심, 그렇지 그 동심이 있어서 나는 나를 좋아했다
그 동심이 살아 있어서

나는 나를 또 좋아했다

그 동심이 있어서
나는 나를 또 또 또 좋아했다 그 동심이 있어서 나는 나를 또 또 또 또또 좋아했다

나는 언젠가 이십 대였으려나
꿈에 길을 가다가 눈길에 놓인 황금 티켓을 주웠다 아주 금이 휘황찬란하게 티켓의 무늬가 겨울의 공기로 있었지 꿈이면서도 좋기만 한 윙카 티켓의 즐거움 그 기억을 떨치지 못하네

영화에서 아이들은 자기만의 장점이 많았다
장점이 더 주목받으면 더 성장할 수 있는 아이들이었다 또 또또 아이들은 부모님이 있었으나 없는 것과 마찬가지였다

영화가 끝나가고 있었을 때 내 코끝에서
맥도날드의 해쉬브라운 향기가 나는 것 같기도 했었다 요즘 나는 검정 자동차를 타고 시외를 떠나 수업 여행을 가듯이 지내고 있다 나에겐 지금 그리고 그 계절 우리의 빛날 일들이 가득한 수업이기만 하여라

하은님의 글과 우석대 작가님의 글

-박래빗 시인 〈i의 예쁨〉후기

〈창작가의 공간〉

♣〈i의 예쁨〉은 제가 시를 쓰며 두고두고 읽을 것 같아요. 저는 시를 쓸 때 어떤 말을 해야 할까, 그것을 가장 오래 생각하고 어려워합니다. 하지만 이 책을 읽을 때면 그런 고민의 갈피를 잡아주는 기분이 들어요. 책의 온전한 상태보단, 손으로 인해 낡고 닳아진 모습을 원하실 거라고 생각합니다. 많이 헤질 것만 같은 책을 선물해 주셔서 너무 감사합니다. 건강히 이번 겨울을 보내시길 바랍니다.

♣〈i가 된 시인, 작고 소중한 순간을 꺼내 보여주다〉

문학을 공부하는 대학생으로서, 박래빗 시인의 『i의 예쁨』은 내게 많은 걸 느끼게 해 준 책이었다. 이 책은 대단한 사건이나 거창한 이야기가 아닌, 박래빗 시인, 한 사람의 소소한 순간들을 다루고 있는 책이다. 평소에는 그냥 스쳐 지나갈 것들을 시인의 눈으로 다시금 보게 된 기분이었다.

책 제목에 등장하는 'i'는 참 독특하고 경쾌한 소재라고 생각했다. 단순히 알파벳 소문자로도 보이지만, 읽다 보면 그것이 아주 작고 소중한 존재들을 상징하는 것처럼 느껴졌다. 시인의 글 속에서는 작고 평범한 것들이 마친 큰 의미를 품고 있는 것처럼 다가온다. 바쁘게 지나가던 일상 속에서 이 시집을 읽으며 나는 잠시 멈춰 선 채 내 마음속을 들여다보게 되었다.

시와 에세이가 번갈아 등장하는 이 책의 구성은 시를 좋아하는 나로 하여금 읽는 재미를 더해주었다. 시가 나오면 거기서 고개를 끄덕인 뒤, 에세이에서는 마치 그 시편들에 담긴 시인의 속마음을 듣는 것 같아 몰입되었다. 두 형식이 섞이면서 더 풍성하고 자연스러운 분위기가 만들어졌다. 시가 어렵게 느껴질 수도 있는 사람들에게도 이 책은 충분히 친근하게 다가갈 것 같다.

책을 다 읽고 나니, "사소한 것도 아름다울 수 있다."라는 메시지가 마음 깊이 남았다. 늘 무언가 거창하고 특별한 것만 찾으려고 했던 내게, 이 책은 지금, 이 순간 내가 지나치고 있는 것들에도 충분한 가치가 있다고 말해주는 것 같았다. 책을 덮은 뒤에도 자꾸 내 주변의 작은 것들에 시선이 머무르게 되었달까.

박래빗 시인의 『i의 예쁨』은 내게 한마디로 '소중한 것들을 찾아주는 책'이었다. 문학을 공부하면서 늘 글과 언어의 힘을 생각하지만, 이 책은 특히 시가 얼마나 따뜻하고 가까운 언어로 우리를 위로할 수 있는지 보여줬다. 시를 잘 몰라도, 혹은 시를 좋아하지 않는 사람이라도 한 번쯤 이 책을 읽어보기를 추천하고 싶다. 분명 삶이 조금 더 예뻐 보일 것이다.

♣ 책을 읽고 가장 먼저 떠오른 생각은 다정하다는 것이에요. 다른 책에서 쉽게 볼 수 없는 만큼 귀한 것 같습니다. 독서가 힘든 이유는 재미없는 것도 있지만 너무 진지해서 그렇다고 생각해요. 농담하듯이 통통 튀는 글도 있어야 읽는 맛이 있는데 일반적인 책은 독자를 가르치듯 쓰기 때문에 읽기 싫을 때도 있어요. 근데 선배님의 책은 독자가 들어갈 공간이 넓다고 생각해요. 그 안에 다정함이 있어서 부담되지 않았어요. 책은 꼭 연설 같은데 i의 예쁨은 대화

같아요. 독자와 대화할 의지가 충분한 것 같아요. 요새 보기 힘든 따뜻한 감각을 느낄 수 있었습니다. 책 잘 읽었어요!

♣ 산문시는 익숙하지만 시 산문은 처음 읽어보았어요. 저에게 있어 이런 도전은 전위적으로 느껴졌고, 또 성공적이기도 했습니다. 가장 매력적인 건 시인의 삶을 시처럼 엿볼 수 있는 것이었어요. 읽다 보면 시인의 삶을 내가 살아온 것처럼, 그러다 보니 마치 내가 박래빗 시인이 된 것만 같은 기분이었습니다.

오랫동안 읽어볼 만한 책이었습니다. 그래서 오랫동안 읽게 되었어요. 이 책은 정말 소중해질 것만 같아요. 저에게 시 쓰기의 욕망을 자극하거든요. 기술적으로도 훌륭하지만, 무엇보다 저의 열정을 자극하는, 한마디로 영감을 자극하는 놀라운 책이었습니다.

선물해 주셔서, 써주셔서, 감사합니다.

영란 언니의 글

펭귄과의 사랑을 읽고

시집을 읽어본 느낌을
한마디로 표현하기 어렵네요
알쏭달쏭 소녀 백과사전을 읽은 것
같다고 할까?

마음에 와닿는 시들이 주로 문예지에 발표했던 시들이네요
첫 시와 간절한 호두과자
탑정호수 펭귄과의 사랑

왜 그럴까?

대부분의 시들이 어디선가 본 듯한 느낌이 전혀 들지 않는
독특한 시들이에요
상상력이 풍부하다 보니
현실에 깊게 발을 디디고 사는 나 같은 일반 독자들에게 쉽게 읽히는 시는 아닌 것 같아요

어쩌면 혜정쌤만이

가진 개별성이 예술성으로 연결된다고.
할까?
그래서 시를 쓸 수밖에는 다른 길이 없는 운명을 타고 났겠다는

이외에
송아지의 발등과
내 전생의 빗방울의 ㄹ의 빗소리
를 재미있게 읽었어요

펭귄과의 사랑이라는 시를 제목으로 삼은 것과
박래빗이라는 필명 그리고 시집의 디자인이
뭔가 일탈을 꿈꾸는
시의 독자들을 강하게
끌어당기는 것 같아요
시의 내용과도
내가 조금 알고 있는 지금의 쌤과도 참 잘 어울린다는 생각을 거듭거듭 했네요 20230227 월요일 (펭귄과의 사랑, 2023)

준호님의 글

두서없이 튀어나오는 단어와 문장들이 내 머릿속을 골치 아프게 헤집어 놔서 잔뜩 어질러놨는데도 이해하려고 하지 말라고 해서 꾹꾹 누르며 읽다 보니 중간 어디쯤부터인가…. 느낌을 알 것 같기도 하고 모를 것 같기도 하고…. 뭔가 오묘한 상태였는데….

마지막에 있는지도 몰랐던 해설을 보니 정말 추리소설 끝에서나 느끼게 되는 사건의 전말같은 느낌?

최소한 나에게는 한 권의 추리소설 같은 맛을 느끼게 해줬네요.
2023년 6월 여름 (펭귄과의 사랑, 2023)

피아노 콘서트 친구의 글 1

오늘 오전에 좀 일찍 일어나서 나머지 다 읽었어요. 나중에 가선 어떤 게 시고 어떤 산문이 시인지 모를 정도로 문장 하나하나가 시적이어서 황홀했습니다+_+ 무엇보다 시인님이 사는 세계가 어떤 세계인지 조금이나마 짐작할 수 있는 시간이었어요. 순수하고 투명하고 사랑스러운 그 세계 안에서 살고 계시는군요!
2024년 12월 8일 (i의 예쁨, 2024)

피아노 콘서트 친구의 글 2

천천히 읽어보니 작가님이 쓴 일기장을 한데 모아놓고 아무거나 골라 들고 아무 페이지를 열어 보기를 반복한 느낌이에요. 작가님을 조금 더 알게 되는 시간. 시간 가는 줄 모르고 읽었어요. 연둣빛 슬픔 아주 인상 깊네요. 유독 마음에 들어서 몇 번을 다시 읽었어요.

-와, 신기하네요. 제가 좋아하는 시예요.

실어주셔서 감사해요.
하루종일 고된 마음이었는데 연둣빛 물방울이 톡 떨어져서 마음이 차분해진 기분이에요. 128페이지를 자꾸 펼쳐보게 됩니다. 반고흐 영혼의 편지 꽤 오래전에 읽었는데 다시 꺼내 읽고 싶어졌어요. 딥씨 카페도 가보고 싶어요, 좋은 글 써주셔서 감사해요. 친구한테 작가님 책을 선물했는데 요즘 감사일기 쓰고 있는데 책이 너무 좋다고 하더라고요. 친구가 5~6년 정도 바꾸지 않고 있던 카카오톡 프로필 배경 사진을 영혼에 대한 정의로 바꿨어요. 친구도 건강이 안 좋았던 터라 작가님 글에서 느끼는 점이 많은가 봐요. (i의 예쁨, 2024.12.3 과 2024. 4.15)

요하네스 케플러씽

나는 중세 시대의 수녀였다 그날은 수녀복을 입고 원장 수녀님과 차를 마시고 있었다 나는 머리카락을 어깨에 닿을 정도로 기르고 있었다 원장 수녀님께서는 내게 하실 말씀이 있으셨다 차를 두고 나에게 뜸을 들이고 계셨다 나는 원장 수녀님께서 또 무슨 말씀을 해 주실지 귀를 열고 있었다 하지만 원장 수녀님께서 나와는 같이 차를 마시기만 했다 그 어느 말씀도 하시지 않으셨다 나는 원장 수녀님과 차를 마시는 것이 좋았다 머리도 맑아지고 눈도 맑아지기도 모든 게 맑아지는 시간이었다 창문과 창문 사이에 있는 가을의 공기들이 차갑지 않게 따듯하게 진동을 만들고 있었다 의자도 폭신폭신했고 테이블은 나무였으며 그 위에 두꺼운 유리 매트가 있었다 그 위에는 찻잔과 도자기 그릇들이 있었다 또 요하네스 케플러는 나를 사랑했다 케플러는 내게 별의 진동 주기를 가르쳐 주었다 케플러는 내게 별에 의한 긴 서사를 음악성을 가진 목소리로 늘 찬찬히 설명해 주었다 나는 항시 여러 일을 벌여 놓고는 수습하기 힘든 지경에 이르렀는데 그때마다 케플러는 마술사처럼 등장하여 내게 지혜를 주고 내게 방편을 소개해 주었다 또 어느 날엔 내가 신도님의 교리 문답을 체크할 때였다 내가 깜빡 잠이 들어 그만 교리 문답 시간이 훨씬 지나간 때가 있었다 케플러는 이별 공식을 마친 나에게 월계수 잎으로 화관을 만들어주었다 머리가 아프지 않았다 그러나 독한 약물은 내게 말을 그치게 했다 말을 하기 시작하면 언제든지 끝낼 수 있었지만 말을 안 하기 시작하면 다시 말을 시작하는 그때를 나도 알 수 없었다 그래도 좋았다 그날도 다 잠든 수도원에서 나와 모카신을 신으며 겨울밤을 걷고 있을 때였다 그리고 때마침 나는 별들이 이동하는 것을 보게 된 것이었다 이 땅에 이 지구에 별을 주관하는 신이며 달을 주관하는 신이며 해를 주관하는 신이며 그 밤하늘에는 감히 예측하지 못했던 광경을 보게 된 것이다 다음 날 케플러에게 별의 共鳴과 별의 自轉의 말을 구름을 통해 말을 전달했다 그 구름이 지금도 살고 있다 나는 중세의 수녀로 살았다 또 요하네스 케플러는 내게 미지의 영역을 일러주었다 까만 밤은 까만 항성처럼 까만 별처럼 있었다 그 후 계절은 낙엽에서 쌓여갔다 계절이 바뀔 때마다 케플러는 여전했으며 그 어느 것도 바뀐 것이 하나도 없었다 나는 요하네스 케플러에게 눈송이로 만든 카메라를 선물했다 차갑지 않은 눈송이의 카메라였다 밤하늘을 촬영하면 필름을 통해 별은 쏟아졌다 사진으로도 당신의 눈빛에서도 언제든 서랍에서 꺼낼 수 있는 카메라였다 그러자 그는 마법을 쓰며 내가 가는 길에 내가 잠든 머리맡에 향료를 놓아주었다 그는 내게 사랑을 주었던 별의 모스 부호로 사랑을 말했다 별을 노래하던 나의 기호였다 원장 수녀님도 케플러를 아끼며 그의 공헌을 귀하게 여기셨다 요하네스 케플러는 별에 대한 시를 노래했다 별에 의한 시를 낭독했다 분자구름 알데바란 초신성 그리고 알지 못하는 구름 속에 별의 지식을 얻었다 모든 게 다 요하네스 케플러에 의한 말로 인해서였다 별의 일지는 많아졌다 그는 지구에서 행성처럼 살았으며 늘 화성에서 살고 싶었던 그의 말대로 그렇게 되었다

지드래곤

춤도 노래도 마음도 힙합 나는 힙합 시도 힙합 몸도 다 힙합 정신적인 힙합의 시와 음악 지드래곤은 힙합 마이크로 랩을 읊으며 힙합 어깨를 움직이며 힙합 이건 지드래곤에게 주는 2024년 새해의 선물 개인적인 래빗의 노래 가사 공적인 춤 얼굴도 공적인 개인적인 독자에게 주는 개인적인 뮤직비디오 힙합 힙한 패션 감각 어쩌면 여기에 지금 샤넬이 있을지도 모르죠 샤넬 목걸이도 진주알의 힙합 샤넬 선글라스도 힙합 하늘에 있는 악보가 마이크에서 변주를 일으키네요 그래서 또 힙합 힙힙힙 합합합 조르주 쇠라의 그림들처럼 움직이는 음악 그랑드자트섬의 일요일 오후의 음악을 듣고 싶네요 힙합의 클레이로 넘어가는 앨범은 힙 힙하게 지구별에 남게 되는 음반 우리가 들은 음악은 그 그다음 세대로 이어지고 우리가 부른 노래도 그 그그 다음 세대에도 계속되는 지드래곤의 무한 힙합 무한의 수적인 새빛의 빛들 비비빗 빛들 반듯하게 있는 빛의 속도로 움직이는 번쩍거림의 그 힙합 개인적인 시간을 뛰어다니는 음악들 공적인 가사의 힙합 의문문의 힙합 점처럼 있다가 점처럼 들리는 힙합 이 시를 캔버스에 유채합니다 주어가 없어도 동사로 표현하는 힙합 모든 게 긍정적인 힙합 시제가 달라도 여전히 남게 되는 데이지의 힙합 랩의 힙합 날개의 힘 천진한 가사의 천진무구의 힙합

*2024.1.9 밤 래빗 씀

마무리하며

저는 세상에 있는 아름다운 것을 기록하고
싶었습니다

그건 때로는 우리가 믿었던 것 가운데
제가 믿었던 것 가운데 저를 더 행복하게 하는
하는 것을 말합니다

그러니까

그건 어떠한 물질로도 말할 수 있으며
그건 어떠한 비물질로도 말할 수 있죠

하지만 제가 말하려고 하는 것은 시간이
지날수록 더 아름답게 바뀌어 가는 것을 볼 수
있어서 저는 그게 저를 더 행복하게
하는 것 같습니다

때론 슬픈 것이라 하더라도
시간이 지나면 더는

슬프지 않게 되기도 하고요 때론
아름다운 것이라

여겼던 건 시간이 더 지날수록
빛깔이 더 달빛다운 달빛이 되어가겠죠

저는 달빛 같은
사람이 되고 싶었는지도 모릅니다

낮의 하늘에 있는 달빛 말이죠

무심코 지나친 것에
깃들어 있는 우연스러운 행복의 문의
열쇠 같은 거요

열쇠를 열면
다른 세상이 있다는 것을 열어야만
알 수 있었다는 것을

글을 쓰면서 생각했고
글을 다듬으면서
열쇠를 찾게 되었던 것 같습니다

다음의 책은 어떨지요

이 책이 세상으로 나오고
또 어떻게 변화하고 제가 글과 같은
문장으로 살 수 있을지 궁금하기도 합니다

괜찮습니다 그 어느 것이라도 해도 말이죠

저는 쓰는 기간 행복했고 쓰고 나서도
충분하게 행복했으니까요

또 글을 쉽게 쓰려고 많은
노력을 했습니다 첫 시집에 대한 평이
가지 각색이었지만

읽는 독자분들을 생각해서
최소한의 수사법을 썼습니다

언어를 통해 진심을 전하고자
글을 쓰는 시간을 갖았습니다

그랬더니
또 글을 쓰면서 먼저는 잊고 있던
저의 글 쓰는 자아가 좀 자랐다는 것과

언제 어느 때 갑자기 생겨난 게 아니라
아주 예전부터 갖고 있던
것이었다는 것을
제가 다시 확인하는 시간이었어요

그게
저는 제가

문학을 하는 순수성과
사랑을 찾은 거라고 말하고 싶어요

제가 시인이 되고 싶었던 것은
자연의 음성에 귀 기울이며 사는 사탐이지

누구나 다 아는
사람이 되고 싶었던 것은 아닙니다
그랬다면 저는 시인이 되지 않았을 겁니다
친하게 지내는 시인은 없지만 전 지금이 좋습니다

지금처럼 아이들과 즐겁게 수업을 하고
때때로 시의 부름을 통해 이 길을 더 소중하게
걸어가고 싶습니다

저는 저의 시간이 늘 필요합니다

이후엔, 저와 제가 쓴 시와
또 만나는 아이들에게도요
더 좋은 에너지를 선사하고 싶습니다

이번 책은 생각지도 않게, 올해
예술가로 선정이 되어 2025년에 새 글을
쓰게 되었습니다

시간이 가는 줄 모르게 집필을 했고요
몇 편 이외에는, 2025년 5월부터 생각하고
글을 쓰기 시작하여 7월 즈음에 원고를 썼습니다

이후 손을 다쳐서 그 이야기를
넣을지 말지 생각을 하다가 책이 태어나면
저와는 또 다른 삶을 살아갈 거라 여겼죠
최근의 아픔이었지만요

저에게 큰 깨달음을 준 손의
이야기를 싣기로 결정했습니다

저는 저의 삶에서
늘 오늘, 지금만 있었습니다

아침에 일어나 거울을 보며
살아 있는 얼굴을 보고

거울로 얼굴을 확인했습니다

살아 있음을 내가 살아 있다는 것을

확인하는 나날은
신비하고도 신비할 정도로요

삶은 거짓이 아니었습니다
삶은 나를 증명해주고 있었습니다

어느덧 그 시간이
저에겐 15주기가 되었습니다

마치 전생의 한 단락이 삶을 마치고
다시 태어난 삶처럼요

그날 병원에서의 과거, 전생의 저는
그곳에서 장례를 치렀는지도 모르겠고요

그 뒤로는 늘 다른 날이었습니다

그 뒤로는 하루도 같은 날이 없었습니다
그 뒤로는 제가 더

사물과 가까워졌습니다

만날 수 있는 아이들이 있어서 기쁘고
행복했고 여전히 그러겠지요

삶의 숨이 남아있는 동안

저는 여전히 글을 쓸 겁니다
음악을 듣고 피아노를 다시 사랑하면서
요가를 하겠죠 행복의 그림을 그리고 바늘질도요

또 싱잉볼과 살아가려고 합니다

무슨 복을 받았는지
아이들은 저를 보며 사랑한다는 말을 해주네요

저만 보면 웃음이 나는지
아이들은 웃기만 합니다 그 어느 때 보다
아이들에게 감사한 나날이었어요

엄마가 해주시는 음식은 늘 맛있고요
언제나 늘 감사합니다

또 일일이 제 책을 찾아서 읽는 분들을
찾아뵙고 고맙다는 말이라도
따스한 눈빛이라도 드리고 싶지만

두 번째 시 산문집에 실린 글들이
그대들이 어디를 가더라도 발끝을 빛나게
해주는 시간이기를 바랍니다

아이들의 이름과 후배 작가님들 및 지인분들에
대해 글을 쓰는 것은 동의를 구하였습니다

다른 글에 대해서는 양해를 구합니다

건강하게 살고 싶습니다
죽음을 모르고 살고 싶습니다

그리고 신과의 약속을,
그 약속을 저는 꼭 지키고 싶습니다
저는 이 책과 지금처럼 살고 싶습니다

세상에 이 책이 나올 수 있게
도와주신 신아출판사 분들
더 좋은 원고가 될 수 있게 해주셔서
감사하고 감사합니다

저는 좋은 음악을 들으면서 작업했습니다
너무 아름다운 가사와 멜로디를 만드신

음악가분들의 음악을 들으면서
저도 맑고 투명해지고 글을 쓰면서
제가 더 맑아진 나날이었습니다

음악을 들을 수 있는 기쁨, 감사하고
행복의 시간이었으며, 그 시간은
나를 다른 차원으로 안내하는 것 같아서
늘 들을 때마다 새롭다고 여깁니다

별빛은 자주 쓰던 저의 언어였습니다
과거에 쓰던 별빛의 단어가 시로 태어나
저는 매우 기쁩니다

제 글을 사랑해 주시고 아껴주시는 분들,
이 글을 읽고 계시는 예술가분들께 감사합니다
저는 모든 예술을 존경하며 사랑합니다

독자이면서도
예술가로 태어난 사랑하는
지구의 모든 여행자분께 감사드립니다

항상 건강하시고
기쁨이 가까이 있기를 기원합니다

2025년 7월
사랑의 지구에서
래빗